서울대 한국어+ Workbook

서울대학교 언어교육원 지음

장소원 | 김현진 | 김슬기 | 이정민

2B

서울대학교출판문화원

머리말
Preface

《서울대 한국어⁺ Workbook 2B》는 《서울대 한국어⁺ Student's Book 2B》의 부교재로, 주교재로 이루어지는 학습을 보완하기 위해 개발되었습니다. 어휘와 문법을 다양한 상황 속에서 연습해 보고 복습 단원을 통해 종합적으로 정리해 볼 수 있도록 하였습니다.

어휘는 사용 영역과 환경을 고려한 문제를 제시함으로써 실질적인 사용에 잘 활용될 수 있도록 하였고, 초급 과정에서 한국어를 배우면서 문장을 구성할 때, 더 나아가 담화를 구성할 때 목표 문법을 정확히 활용할 수 있도록 배려하였습니다. 이때 어휘와 문법이 포함된 문장이나 대화는 기계적인 연습에서 시작하여 실제 상황에서 활용할 수 있는 유의미한 대화로 연계될 수 있도록 함으로써 교실에서의 학습이 실제 언어 사용으로 바로 연결되도록 하였습니다.

또한 세 단원마다 복습 단원을 배치함으로써 학습 내용을 점검하고 정리할 수 있도록 하였는데, 복습 단원에는 TOPIK 형식의 어휘와 문법을 익히는 문제, 듣기 문제, 읽기 및 쓰기 문제, 말하기 활동과 발음 복습 등을 담아 과별로 익힌 언어 지식을 확인함과 동시에 통합적인 복습을 하는 단계로 활용되게 하였습니다.

이 책이 나오기까지 정말 많은 분들의 노력과 수고가 있었습니다. 1~6급 교재의 개발을 위한 사전 연구부터 시작해서 전체적인 작업을 총괄해 주신 서울대학교 국어국문학과 장소원 교수님, 2급 주교재와 워크북의 집필을 총괄한 김현진 선생님과 김슬기, 이정민 선생님의 노고에 진심으로 감사드립니다. 또 2급 워크북 전권의 내용을 일일이 감수해 주신 김은애 교수님, 영어 번역을 맡아 주신 이소명 번역가와 번역 감수를 맡아 주신 UCLA 손성옥 교수님, 그리고 멋진 삽화 작업으로 빛나는 책을 만들어 주신 ㈜예성크리에이티브 분들 그리고 녹음을 담당해 주신 성우 김성연, 이상운 선생님께도 감사드립니다. 2급 워크북의 문제들을 하나하나 풀며 검토해 주신 오미남, 유재선 선생님과 2022년 봄학기에 미리 샘플 단원을 사용한 후 소중한 의견을 주신 2급의 김상희, 박영지, 오미남, 윤다인, 이희진, 장용원, 조경윤, 주은경 선생님께도 진심으로 감사의 말씀을 드립니다. 마지막으로 한국어 교재의 출판을 결정하고 물심양면으로 지원해 주신 서울대학교출판문화원 이준웅 원장님과, 힘든 과정을 감수하신 관계자분들께 깊이 감사드립니다.

2022년 11월
서울대학교 언어교육원 원장
이호영

SNU Korean⁺ Workbook 2B is a supplementary material to complement **SNU Korean⁺ Student's Book 2B**. Learners can practice vocabulary and grammar in a variety of situations and comprehensively learn through the review units.

By presenting challenges related to proper usage, the vocabulary is applied practically. When studying Korean in the beginner's course, consideration was placed on applying the target grammar correctly when forming sentences and, more importantly, when constructing discourse. Sentences or conversations comprised of vocabulary and grammar begin with repetitive exercises and progress to meaningful conversations that can be utilized in real-world scenarios, so that learning in the classroom is directly related to language use outside the classroom.

Additionally, regular review units are included every 3 units to allow students to check and organize their learning. The review unit includes TOPIK-style vocabulary and grammar learning problems; listening, reading, and writing problems; speaking activities; and pronunciation review. It serves as an integrated review while confirming comprehension of the language.

A lot of dedication and hard work went into the publication of this book. I would like to express my sincerest gratitude to Seoul National University Professor Chang Sowon at the Department of Korean Language and Literature, for overseeing the entire project, beginning with the preliminary research for the development of **SNU Korean⁺** Levels 1-6; Seoul National University LEI Instructor Kim Hyun Jean, for supervising the authoring of **SNU Korean⁺ Student's Book 2A/2B** and **SNU Korean⁺ Workbook 2A/2B**; and Seoul National University LEI Instructors Kim Sulki and Lee Jeong Min, for their efforts. I would also like to thank the supervisor, former Seoul National University LEI Professor Kim Eun Ae, for supervising the Level 2 contents, Lee Somyung for the English translation, UCLA Professor Sohn Sung-Ock for editing the translation, the YESUNG Creative artists for the stunning illustrations, voice actors Kim Seongyeon and Lee Sangun. Many thanks to Seoul National University LEI Instructors Oh Minam and Yoo Jaeseon for reviewing and solving each practice problem in **SNU Korean⁺ Workbook 2A/2B** along with Seoul National University LEI Level 2 Instructors Kim Sanghee, Park Youngji, Oh Minam, Yoon Dyne, Lee Heejin, Jang Yongwon, Cho Kyungyoon, and Chu Eunkyung, for providing insightful feedback after using the sample unit as a pilot in the spring semester of 2022. Lastly, a special thanks to Seoul National University Press Director June Woong Rhee for providing financial and spiritual support and deciding to publish these Korean textbooks, as well as everyone for working tirelessly on this project.

November 2022
Lee Hoyoung
Executive Director
Language Education Institute, Seoul National University

일러두기 How to Use This Book

《서울대 한국어⁺ Workbook 2B》는《서울대 한국어⁺ Student's Book 2B》의 부교재로 10~18단원과 복습 4~6으로 구성되었다. 각 단원은 두 과로 구성되어 있으며 각 과는 '어휘 연습', '문법과 표현 연습'으로 이루어져 있다. 복습은 '어휘, 문법과 표현, 듣기, 읽기, 쓰기, 말하기, 발음'으로 구성되어 있다.

SNU Korean⁺ Workbook 2B is a supplementary material to complement **SNU Korean⁺ Student's Book 2B**, and it is made up of Units 10-18 and Reviews 4-6. Each unit consists of two lessons, and each lesson has Vocabulary Practice and Grammar & Expression Practice. The review is composed of Vocabulary, Grammar & Expression, Listening, Reading, Writing, Speaking, and Pronunciation.

각 단원에서 학습 목표로 삼는 어휘와 문법과 표현을 제시하여 학습할 내용을 파악할 수 있도록 하였다.

Each unit presents Vocabulary and Grammar & Expression that are used as learning goals.

어휘 Vocabulary

주제별로 선정된 목표 어휘의 의미를 확인하고, 사용법이나 연어 관계 등을 익히며, 문장이나 대화 단위의 어휘 연습을 통해 어휘 사용 능력을 향상시킨다.

For each topic, check the meaning of the target vocabulary that has been chosen, learn the usage or relationship between words, and develop learners' vocabulary through vocabulary practice in sentences or conversational units.

문법과 표현 Grammar & Expression

형태 연습부터 문장 연습, 대화 연습, 유의미한 연습까지 단계적으로 구성하였다.

The workbook is structured step-by-step, beginning with form practice, sentence practice, conversation practice, and meaningful practice.

형태 연습 Form Practice

목표 문법의 활용 형태를 연습하게 한다.

Learners will practice the usage form of the target grammar.

대화 연습 Conversation Practice

제시어나 그림을 활용하여 상황이 드러나는 짧은 대화를 구성하게 한다.

Learners will compose a short dialogue that describes the situation by using the suggested word or picture.

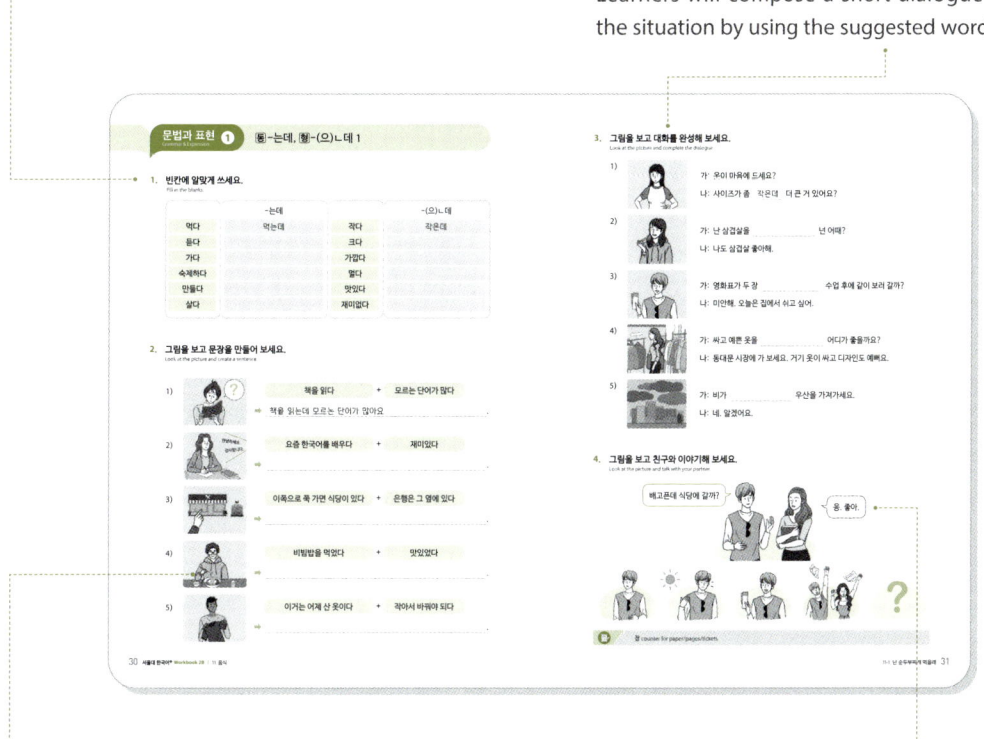

문장 연습 Sentence Practice

제시어나 그림을 활용하여 문장을 구성하게 한다.

Learners will create sentences using the suggested word or picture.

유의미한 연습 Meaningful Practice

문법을 활용할 수 있는 유의미한 상황을 제시하여 학습자들이 스스로 이야기해 볼 수 있도록 한다. 이러한 연습을 통해 문법 사용 능력과 의사소통 능력을 함께 향상시키고자 하였다.

By presenting meaningful situations in which grammar can be used, learners will be able to speak for themselves. Through these practices, we intend to help learners improve their grammar usage skills as well as their communication skills.

복습 Review

세 단원마다 제시되는 복습에서는 각 단원에서 학습한 내용과 연계하여 어휘, 문법과 표현, 듣기, 읽기, 쓰기, 말하기, 발음을 영역별로 복습할 수 있도록 구성하였다.

Vocabulary, Grammar & Expression, Listening, Reading, Writing, Speaking, and Pronunciation can be reviewed every 3 units in relation to the contents learned in each unit.

어휘 Vocabulary

목표 어휘 목록과 함께 문제를 제공하여 학습한 어휘를 재확인하고 연습할 수 있도록 하였다.

By providing questions along with a list of the target vocabulary, learners can confirm the vocabulary that they have learned.

문법과 표현 Grammar & Expression

문법과 표현의 각 항목을 예문과 함께 제시하여 학습한 내용을 확인할 수 있도록 하였다. 또한 다양한 형태의 문제를 제공하여 각 항목의 의미와 용법을 재확인하고 연습할 수 있도록 하였다.

By outlining the grammar and expressions for each category along with sample sentences, it helps learners confirm the learning materials. Additionally, by offering a variety of questions, learners can verify the meaning and application of each category and practice them.

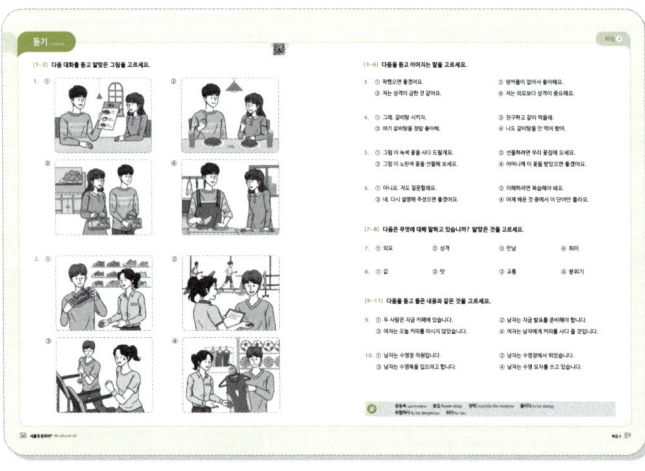

듣기 Listening

학습한 주제, 문법과 표현에 관련된 다양한 내용의 듣기 자료를 문제와 함께 제공하여 학습자의 이해 능력을 향상시키고자 하였다.

By providing listening materials of various content related to the learned topic, grammar and expressions along with questions, learners will be able to improve their comprehension skills.

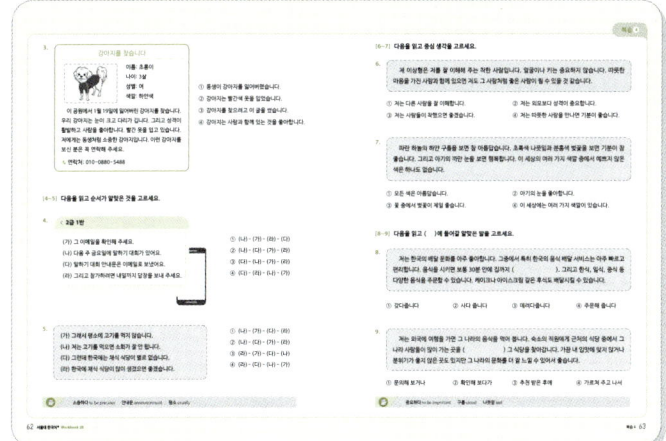

읽기 Reading

학습한 주제와 관련되거나 학습한 목표 어휘와 문법이 포함된 다양한 텍스트를 문제와 함께 제공하여 이해 능력을 향상시키고자 하였다.

By providing various texts related to the learned topic or including the learned target vocabulary and grammar with questions, learners will be able to improve their comprehension skills.

쓰기 Writing

읽기의 마지막 텍스트와 관련된 주제 중심의 쓰기 연습을 통해 담화 구성 능력을 향상시킬 수 있도록 하였다.

Through topic-oriented writing practice related to the last text of reading, learners will be able to improve their discourse construction skills.

말하기 Speaking

말하기 1: 학습한 문법과 표현을 사용하여 질문에 답을 하는 과정에서 문장 구성 능력을 기르도록 하였다.

Speaking 1: In the process of answering questions using the learned grammar and expressions, learners will be able to develop the ability to construct sentences.

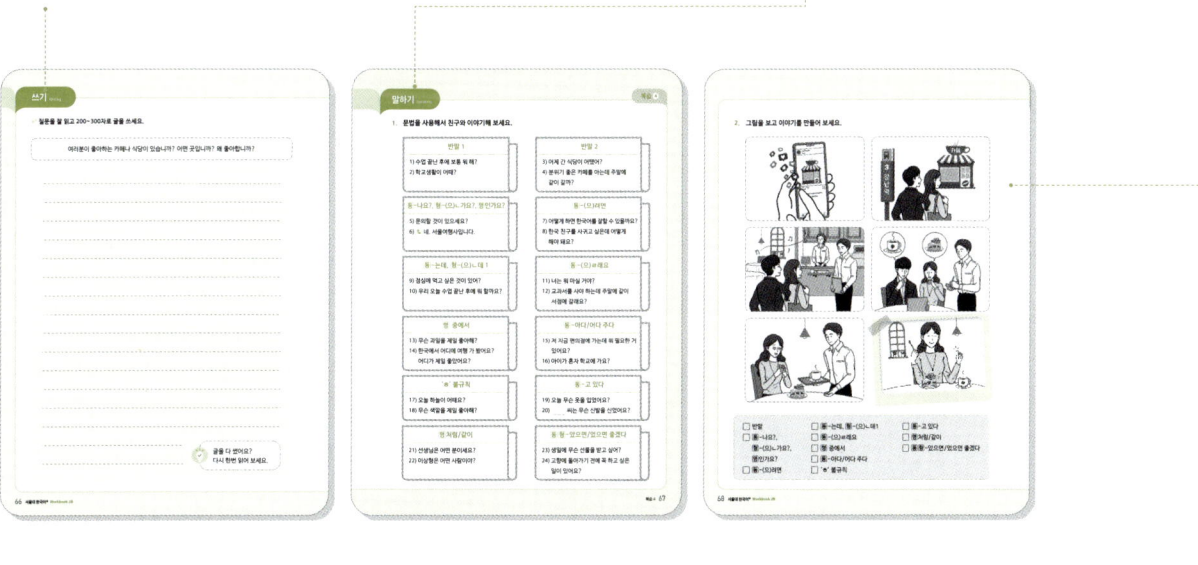

말하기 2: 그림을 보고 제시된 상황에 적절한 어휘와 문법을 사용하여 이야기를 만들어 보는 과정에서 담화 구성 능력을 기르도록 하였다.

Speaking 2: In the process of creating a story using vocabulary and grammar appropriate to the situation presented by looking at the pictures, learners can develop the ability to construct discourse.

발음 Pronunciation

학습한 발음을 정리하고 추가 연습을 제시하여 발음의 정확성을 향상시키고자 하였다.

By presenting a summary of the learned pronunciation and additional exercises, learners will be able to improve their accuracy in pronunciation.

부록 Appendix

'듣기 지문'과 '모범 답안'으로 구성된다.

The appendix consists of the Listening Script and Answer Key.

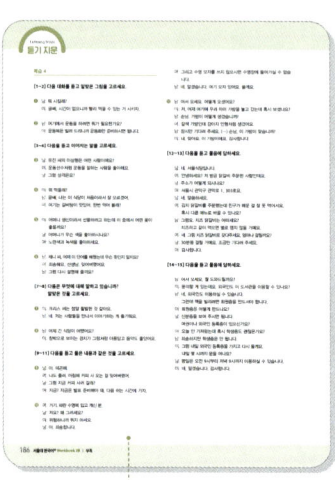
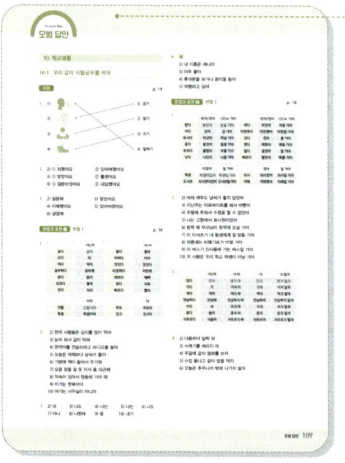

모범 답안 Answer Key

각 과의 '어휘, 문법과 표현' 문제, 복습의 '어휘, 문법과 표현, 듣기, 읽기, 말하기' 문제에 대한 모범 답안을 제공한다.

The answers are provided for each lesson's questions on Vocabulary, Grammar & Expression as well as the review for Vocabulary, Grammar & Expression, Listening, Reading, and Speaking.

듣기 지문 Listening Script

복습 듣기의 지문을 제공한다.

The scripts for the listening review are provided.

차례
Table of Contents

머리말 Preface • 2
일러두기 How to Use This Book • 4
교재 구성표 Scope and Sequence • 10

2B

10단원	학교생활 School Life	10-1. 우리 같이 시험공부를 하자 Let's study for the test	• 14
		10-2. 기숙사를 신청하려면 어떻게 해야 하나요? How do I apply for the dorms?	• 20
11단원	음식 Food	11-1. 난 순두부찌개 먹을래 I want to have soft tofu stew	• 28
		11-2. 제가 먹어 본 냉면 중에서 제일 맛있었어요 Out of all the cold noodles I've had, this is the best	• 34
12단원	외모와 성격 Appearances & Personalities	12-1. 까만 스웨터를 입고 있어요 The man is wearing a black sweater	• 42
		12-2. 제 친구는 바다처럼 마음이 넓습니다 My friend has a heart of gold	• 48
복습 4 Review 4			• 54
13단원	감정 Emotions	13-1. 너무 속상하겠어요 You must be so upset	• 72
		13-2. 친구들과 친해지고 싶습니다 I want to become close with my classmates	• 78
14단원	인생 Life	14-1. 대학교에 입학하게 됐어요 I was admitted to a university	• 86
		14-2. 고마운 사람을 만난 적이 있습니다 I've met someone I'm thankful for	• 92
15단원	집 House	15-1. 방이 넓어서 살기 좋아요 It's a nice place to live because the room is large	• 100
		15-2. 벽에 가족사진이 걸려 있습니다 A family picture is hanging on the wall	• 106
복습 5 Review 5			• 112
16단원	예절 Etiquette	16-1. 반말을 해도 돼요? Can I speak informally to you?	• 130
		16-2. 공연 중에 사진을 찍으면 안 됩니다 You cannot take photos during the performance	• 136
17단원	문화 Culture	17-1. 콘서트를 보기 위해서 표를 사 놓았어요 I bought a ticket to see a concert	• 144
		17-2. 추석은 한국의 큰 명절 중 하나다 Chuseok is one of Korea's biggest holidays	• 150
18단원	추억과 꿈 Memories & Dreams	18-1. 이번 학기가 끝나서 좋기는 하지만 아쉬워요 I'm glad this semester is over, but I'm a bit sad	• 158
		18-2. 한국에 온 지 벌써 6개월이나 됐다 I've been in Korea for 6 months already	• 164
복습 6 Review 6			• 170

| 부록 Appendix |

듣기 지문 Listening Script • 186
모범 답안 Answer Key • 189

교재 구성표
Scope and Sequence

	단원 제목 Unit Title	어휘 Vocabulary	문법과 표현 Grammar & Expression
10. 학교생활 School Life	10-1. 우리 같이 시험공부를 하자 Let's study for the test	학교생활 ① School life ①	• 반말
	10-2. 기숙사를 신청하려면 어떻게 해야 하나요? How do I apply for the dorms?	이메일, 학교생활 ② Email, School life ②	• 동-나요?, 형-(으)ㄴ가요?, 명인가요? • 동-(으)려면
11. 음식 Food	11-1. 난 순두부찌개 먹을래 I want to have soft tofu stew	음식 ①, 맛 Food ①, Taste	• 동-는데, 형-(으)ㄴ데 1 • 동-(으)ㄹ래요
	11-2. 제가 먹어 본 냉면 중에서 제일 맛있었어요 Out of all the cold noodles I've had, this is the best	음식 ②, 식당 평가 Food ②, Restaurant evaluation	• 명 중에서 • 동-아다/어다 주다
12. 외모와 성격 Appearances & Personalities	12-1. 까만 스웨터를 입고 있어요 The man is wearing a black sweater	착용 동사, 색깔 Wearing verb, Color	• 'ㅎ' 불규칙 • 동-고 있다
	12-2. 제 친구는 바다처럼 마음이 넓습니다 My friend has a heart of gold	외모, 성격 Appearances, Personalities	• 명처럼/같이 • 동형-았으면/었으면 좋겠다
복습 4 Review 4			
13. 감정 Emotions	13-1. 너무 속상하겠어요 You must be so upset	감정 ① Emotions ①	• 명 때문에 • 동형-겠-
	13-2. 친구들과 친해지고 싶습니다 I want to become close with my classmates	인간관계 Human relationships	• 동형-(으)ㄹ 때 • 형-아지다/어지다
14. 인생 Life	14-1. 대학교에 입학하게 됐어요 I was admitted to a university	인생 Life	• 동-게 되다 • 동-(으)ㄴ 덕분에
	14-2. 고마운 사람을 만난 적이 있습니다 I've met someone I'm thankful for	사고 Accident	• 형-게 • 동-(으)ㄴ 적이 있다/없다

	단원 제목 Unit Title	어휘 Vocabulary	문법과 표현 Grammar & Expression
15. 집 House	15-1. 방이 넓어서 살기 좋아요 It's a nice place to live because the room is large	부동산 ① Real estate agency ①	• 동-기 형 • 명밖에
	15-2. 벽에 가족사진이 걸려 있습니다 A family picture is hanging on the wall	부동산 ② Real estate agency ②	• 동-아/어 있다 • 동형-기 때문에, 명(이)기 때문에
복습 5 Review 5			
16. 예절 Etiquette	16-1. 반말을 해도 돼요? Can I speak informally to you?	일상 예절 Everyday etiquette	• 동-는데, 형-(으)ㄴ데 2 • 동-아도/어도 되다
	16-2. 공연 중에 사진을 찍으면 안 됩니다 You cannot take photos during the performance	공공 예절 Public etiquette	• 동-는 중이다, 명 중이다 • 동-(으)면 안 되다
17. 문화 Culture	17-1. 콘서트를 보기 위해서 표를 사 놓았어요 I bought a ticket to see a concert	공연 문화 Performance culture	• 동-기 위해(서) • 동-아/어 놓다
	17-2. 추석은 한국의 큰 명절 중 하나다 Chuseok is one of Korea's biggest holidays	명절 Holidays	• 동-는다/ㄴ다, 형-다, 명(이)다
18. 추억과 꿈 Memories & Dreams	18-1. 이번 학기가 끝나서 좋기는 하지만 아쉬워요 I'm glad this semester is over, but I'm a bit sad	감정 ②, 계절의 변화 Emotions ②, Change of seasons	• 동형-기는 하지만 • 동형-(으)ㄹ지 모르겠다
	18-2. 한국에 온 지 벌써 6개월이나 됐다 I've been in Korea for 6 months already	시간, 꿈 Time, Dream	• 동-(으)ㄴ 지 • 명(이)나 2
복습 6 Review 6			

10

학교생활 School Life

10-1 우리 같이 시험공부를 하자

10-2 기숙사를 신청하려면 어떻게 해야 하나요?

10-1	어휘	학교생활 ①
	문법과 표현	반말
10-2	어휘	이메일, 학교생활 ②
	문법과 표현	동-나요?, 형-(으)ㄴ가요?, 명인가요?
		동-(으)려면

어휘 Vocabulary

1. 알맞은 것을 연결해 보세요.
Match the picture with the appropriate word.

1) 　　•　　　　　　　　　　•　① 듣기

2) 　　•　　　　　　　　　　•　② 읽기

3) 　　•　　　　　　　　　　•　③ 쓰기

4) 　　•　　　　　　　　　　•　④ 말하기

2. 그림을 보고 알맞은 것을 골라서 문장을 완성해 보세요.
Look at the picture and select the appropriate word to complete the sentence.

> ⬬설명하다⬭　⬬이해하다⬭　질문하다　대답하다　외우다　잊어버리다　맞다　틀리다

1)
① 선생님은 　설명하셨어요　.
② 학생들은 　이해했어요　.

2)
① 하이는 전화번호를 _____ .
② 제니는 _____ .

3)
① 아야나는 _____ .
② 엥흐는 _____ .

4)
① 선생님은 _____ .
② 학생은 _____ .

3. 그림을 보고 대화를 완성해 보세요.
Look at the picture and complete the dialogue.

1)

가: 제니 씨, 오늘 왜 이렇게 일찍 왔어요?

나: 오늘 <u>발표하는</u> 날이라서 연습하려고 일찍 왔어요.

2)

가: 이 문법이 너무 어려워요.

나: 어려우면 선생님께 _____ 아/어 보세요.

3)

가: 엥흐 씨, 시험 잘 봤어요?

나: 네. 다 _____ 았어요/었어요.

4)

가: 여러분, 이 문법 알겠어요?

나: 네. _____ 았어요/었어요.

5)

가: 아야나 씨, 이 단어 뜻이 뭐였지요?

나: 저도 잘 모르겠어요. _____ 았어요/었어요.

6)

가: 하이 씨, 이 숙제를 어떻게 하는지 알아요?

나: 네. 제가 _____ 아/어 줄게요.

문법과 표현 1 반말 1

1. 빈칸에 알맞게 쓰세요.
Fill in the blanks.

	-아/어		-아/어
살다	살아	좋다	
오다		비싸다	
먹다		맛있다	
공부하다		따뜻하다	
듣다		예쁘다	
모르다		덥다	
짓다		빠르다	

	이야		야
선물	선물이야	무료	
학생		친구	

2. 문장을 반말로 바꿔서 써 보세요.
Rewrite the sentence using the informal speech.

1) 나는 항상 제니 옆에 앉아요. ➡ 나는 항상 제니 옆에 앉아.
2) 한국 사람들은 김치를 많이 먹어요. ➡
3) 눈이 와서 길이 막혀요. ➡
4) 한국어를 연습하려고 라디오를 들어요. ➡
5) 오늘은 어제보다 날씨가 좋아요. ➡
6) 가방에 책이 들어서 무거워요. ➡
7) 요즘 잠을 잘 못 자서 좀 피곤해요. ➡
8) 약속이 있어서 명동에 가야 돼요. ➡
9) 이거는 한복이에요. ➡
10) 여기는 사무실이 아니에요. ➡

무료 free   라디오 radio

3. 밑줄 친 부분을 바꿔서 써 보세요.
Change the register of the underlined part and fill in the blanks.

TIPS
저는 〉 나는	제가 〉 내가	제 〉 내
○○ 씨는 〉 너는	○○ 씨가 〉 네가	○○ 씨의 〉 네
네 〉 응	아니요 〉 아니	

가: 제 취미는 운동이에요.
　　나나 씨의 취미는 뭐예요?
나: 저도 운동하는 걸 좋아해요.
　　제니 씨는 무슨 운동을 좋아해요?
가: 저는 자전거 타는 걸 좋아해요.
　　나나 씨도 자전거 탈 줄 알아요?
나: 아니요. 탈 줄 몰라요. 저한테 자전거 타는 것 좀 가르쳐 줄 수 있어요?
가: 네. 제가 잘 가르쳐 줄게요.
나: 정말요? 고마워요.

➡

가: 1) <u>내</u> 취미는 운동이야.
　　2) _____ 취미는 뭐야?
나: 3) _____ 운동하는 걸 좋아해.
　　4) _____ 무슨 운동을 좋아해?
가: 5) _____ 자전거 타는 걸 좋아해.
　　6) _____ 자전거 탈 줄 알아?
나: 7) _____. 탈 줄 몰라. 8) _____ 자전거 타는 것 좀 가르쳐 줄 수 있어?
가: 9) _____. 10) _____ 잘 가르쳐 줄게.
나: 정말? 고마워.

4. 대화를 만들어 보세요.
Create a dialogue.

1) 가: 어디에 살아?
　　나: 나는 학교 기숙사에 살아_____.

2) 가: 이름이 뭐야?
　　나: _____.

3) 가: 오늘 기분이 어때?
　　나: _____.

4) 가: 시간이 있으면 뭐 해?
　　나: _____.

5) 가: 방학에 뭐 하고 싶어?
　　나: _____.

문법과 표현 2 반말 2

1. 빈칸에 알맞게 쓰세요.
Fill in the blanks.

	-았어/었어	-(으)ㄹ 거야		-았어/었어	-(으)ㄹ 거야
받다	받았어	받을 거야	작다		
가다			따뜻하다		
마시다			크다		
듣다			맵다		
부르다			멀다		
낫다			빠르다		

	이었어	일 거야		였어	일 거야
학생	학생이었어	학생일 거야	의사		
도서관			카페		

2. 문장을 반말로 바꿔서 써 보세요.
Rewrite the sentence using the informal speech.

1) 한국어를 배우려고 한국에 왔어요. ➡ 한국어를 배우려고 한국에 왔어.

2) 어제 제주도 날씨가 좋지 않았어요. ➡ _____.

3) 지난주는 아르바이트를 해서 바빴어요. ➡ _____.

4) 주말에 추워서 수영을 할 수 없었어요. ➡ _____.

5) 저는 고향에서 회사원이었어요. ➡ _____.

6) 방학 때 부모님이 한국에 오실 거예요. ➡ _____.

7) 이 티셔츠가 제 동생에게 잘 맞을 거예요. ➡ _____.

8) 여름에는 비행기표가 비쌀 거예요. ➡ _____.

9) 이 버스가 인사동에 가는 버스일 거예요. ➡ _____.

10) 저 사람은 우리 학교 학생이 아닐 거예요. ➡ _____.

3. 빈칸에 알맞게 쓰세요.
Fill in the blanks.

	-아/어	-지 마	-자	-지 말자
앉다	앉아	앉지 마	앉자	앉지 말자
가다				
먹다				
연습하다				
쓰다				
듣다				
서두르다				

4. 문장을 반말로 바꿔서 써 보세요.
Rewrite the sentence using the informal speech.

1) 밥을 먹기 전에 손을 씻으세요. ➡ 밥을 먹기 전에 손을 씻어 .
2) 다음부터 일찍 오세요. ➡ .
3) 쓰레기를 버리지 마세요. ➡ .
4) 주말에 같이 영화를 봅시다. ➡ .
5) 수업 끝나고 같이 밥을 먹어요. ➡ .
6) 오늘은 추우니까 밖에 나가지 맙시다. ➡ .

5. 반말로 바꿔서 친구와 이야기해 보세요.
Talk with your partner using the informal speech.

어제 뭐 했어?
친구하고 같이 영화 봤어.

| 어제 뭐 했어요? | 생일에 무슨 선물 받았어요? | 이번 시험이 어땠어요? |
| 오늘 저녁에 운동할 거예요? | 우리 주말에 뭐 할까요? | 날마다 운동하세요. |

어휘 Vocabulary

1. 알맞은 것을 연결해 보세요.
Match the picture with the appropriate expression.

1)  · · ① 이메일을 쓰다

2)  · · ② 답장을 보내다

3)  · · ③ 이메일을 지우다

4)  · · ④ 이메일을 확인하다

2. 알맞은 것을 골라서 문장을 완성해 보세요.
Select the appropriate word to complete the sentence.

> 등록금   장학금   (학기)   상   교과서   학생증

1) 지난 __학기__ 에 1급을 공부했어요.

2) 학기마다 새 _____ 을/를 사야 돼요.

3) 이번에 _____ 을/를 못 받아서 아르바이트를 해야 돼요.

4) _____ 이/가 있으면 도서관에서 책을 빌릴 수 있어요.

5) 오늘까지 _____ 을/를 내지 않으면 다음 학기에 수업을 들을 수 없어요.

6) 말하기 대회에서 1등을 해서 _____ 을/를 받았어요.

 대회 competition   1등 1st place

3. 그림을 보고 알맞은 것을 골라서 대화를 완성해 보세요.
Look at the picture and select the appropriate expression to complete the dialogue.

| 등록하다 | 수료하다 | 교과서를 사다 |
| 학생증을 받다 | 상을 받다 | 장학금을 받다 |

1)
가: 다음 학기에도 한국어를 공부할 거예요?
나: 네. 벌써 <u>등록했어요</u>.

2)
가: 어디 가?
나: _____(으)러 사무실에 가.

3)
가: 학기가 시작하기 전에 뭘 해야 돼요?
나: 서점에 가서 _____ 아야/어야 돼요.

4)
가: 나나 씨가 말하기 대회에서 _____ 았어요/었어요.
나: 와, 대단하네요.

5)
가: 한국에 계속 살 거야?
나: 아니. 2급을 _____고 나서 고향에 돌아가야 돼.

6)
가: 무슨 좋은 일 있어요? 기분이 좋아 보여요.
나: 네. 시험을 잘 봐서 _____ 았어요/었어요.

대단하다 to be incredible

문법과 표현 3 동-나요?, 형-(으)ㄴ가요?, 명인가요?

1. 빈칸에 알맞게 쓰세요.
Fill in the blanks.

	-나요?		-(으)ㄴ가요?
읽다	읽나요?	작다	
먹다		크다	
사다		맵다	
쓰다		멀다	
만들다		맛있다	
열다		재미없다	

	인가요?		인가요?
학생	학생인가요?	의사	

2. 대화를 완성해 보세요.
Complete the dialogue.

1) 가: 성적표를 어디에서 <u>받나요</u>?
   나: 사무실에서 받으시면 됩니다.

2) 가: 수업이 몇 시에 _____?
   나: 오전 9시에 시작합니다.

3) 가: 은행이 몇 시에 문을 _____?
   나: 아침 9시에 엽니다.

4) 가: 제가 보낸 이메일을 _____?
   나: 네. 확인했습니다.

5) 가: 이 차는 어디에 _____?
   나: 목에 좋습니다. 목이 아프면 드셔 보세요.

6) 가: 책을 빌리고 싶은데요. 뭐가 _____?
   나: 학생증이 필요합니다.

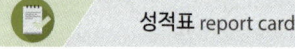
성적표 report card

7) 가: 여러분, 교실이 좀 _____? 에어컨을 켤까요?
   나: 네. 선생님. 더워요.

8) 가: 집이 학교에서 _____?
   나: 아니요. 가까워요. 걸어서 10분쯤 걸려요.

9) 가: 토요일 오후에 출발하는 비행기표가 _____?
   나: 네. 오후 3시 30분 표가 있습니다.

3. 대화를 완성해 보세요.
Complete the dialogue.

1) 가: 이 사람은 <u>누구인가요</u>?
   나: 제 동생입니다.

2) 가: 언어교육원 사무실이 _____?
   나: 이쪽으로 쭉 가시면 있습니다.

3) 가: 오늘이 _____?
   나: 월요일입니다.

4) 가: 치킨 한 마리에 _____?
   나: 18,000원입니다, 손님.

5) 가: 이분은 _____?
   나: 우리 할머니세요.

4. 문의할 것이 있어요? 친구와 이야기해 보세요.
Is there something you want to ask? Talk with your partner.

이거보다 큰 사이즈가 있나요?

네. 여기 있습니다.

백화점 우체국 여행사 학교 사무실

마리 counter for animals

문법과 표현 ④ 동-(으)려면

1. 빈칸에 알맞게 쓰세요.
Fill in the blanks.

	-(으)려면		-(으)려면
읽다	읽으려면	듣다	
먹다		만들다	
사다		낫다	
보다		늦지 않다	

2. 알맞은 것을 연결하고 문장을 만들어 보세요.
Match the expressions that go together and create a new sentence.

1) 비자를 받다 •   • 예매해야 돼요

2) 쓰기를 잘하다 •   • 일기를 써 보세요

3) 주말에 영화를 보다 •   • 택시를 타야 해요

4) 학생증을 만들다 •   • 사진이 필요해요

5) 빨리 낫다 •   • 대사관에 가야 해요

6) 늦지 않다 •   • 약을 드시고 푹 쉬세요

1) 비자를 받으려면 대사관에 가야 해요   .
2) _____ .
3) _____ .
4) _____ .
5) _____ .
6) _____ .

비자 visa

3. **대화를 완성해 보세요.**
   Complete the dialogue.

   1) 가: 명동에 어떻게 가나요?
      나: <u>명동에 가려면</u> 지하철을 타세요.

   2) 가: 저도 동호회에 가입하고 싶은데요.
      나: _____ 인터넷으로 신청하세요.

   3) 가: 어떻게 하면 한국어를 잘할 수 있어요?
      나: _____ 한국 사람과 이야기하세요.

   4) 가: 어떻게 하면 단어를 잘 외울 수 있어요?
      나: _____ 여러 번 써 보세요.

   5) 가: 통장을 만들고 싶은데요. 뭐가 필요한가요?
      나: _____ 신분증이 필요해요.

4. **알맞은 것을 고르세요.**
   Circle the appropriate expression to complete the sentence.

   1) 선생님을 (**만나려면**/ 만나면) 사무실에 가세요.
   2) 내일 일찍 (일어나려면 / 일어나면) 일찍 자야 해요.
   3) 시험이 (끝나려면 / 끝나면) 친구들과 파티를 할 거야.
   4) 꽃을 (선물하려면 / 선물하면) 어머니께서 좋아하실 거예요.
   5) 감기에 걸리지 (않으려면 / 않으면) 손을 자주 씻으세요.

5. **친구와 이야기해 보세요.**
   Talk with your partner.

스트레스를 풀고 싶은데요. 어떻게 하면 좋을까요?

스트레스를 풀려면 노래방에 가서 큰 소리로 노래해 보세요.

| 스트레스를 풀고 싶어요. | 한국 친구를 사귀고 싶어요. |
| 발표를 잘하고 싶어요. | 요즘 친구들과 한 약속을 자꾸 잊어버려요. |

11

음식 Food

11-1 난 순두부찌개 먹을래

11-2 제가 먹어 본 냉면 중에서 제일 맛있었어요

11-1	어휘	음식 ①, 맛
	문법과 표현	동-는데, 형-(으)ㄴ데 1
		동-(으)ㄹ래요
11-2	어휘	음식 ②, 식당 평가
	문법과 표현	명 중에서
		동-아다/어다 주다

어휘 Vocabulary

1. 알맞은 것을 연결해 보세요.
Match the picture with the appropriate word.

1) •   • ① 밥

2) •   • ② 탕

3) •   • ③ 찌개

4) •   • ④ 고기

5) •   • ⑤ 국수

2. 그림을 보고 알맞은 것을 골라서 쓰세요.
Look at the picture and select the appropriate word to fill in the blank.

> 달다   짜다   쓰다   시다   (맵다)

1)   매워요.

2)   _____.

3)   _____.

4)   _____.

5)   _____.

3. 그림을 보고 대화를 완성해 보세요.
Look at the picture and complete the dialogue.

1)

가: 약이 너무 <u>써서</u> 안 먹고 싶어.
나: 그럼 약을 먹고 나서 사탕이나 초콜릿을 먹어 봐.

2)

가: 제일 좋아하는 한국 음식이 뭐야?
나: 난 떡볶이를 제일 좋아해. <u>맵</u>지만 정말 맛있어.

3)

가: 삼계탕이 좀 <u>짜</u>네요.
나: 소금을 많이 넣은 것 같아요.

4)

가: 차가 너무 <u>시</u> 아요/어요.
나: 레몬차라서 그래요. 감기에 좋으니까 드세요.

5)

가: 나 요즘 스트레스를 많이 받았어. <u>달</u>(으)ㄴ 거 먹으러 가자.
나: 그래. 저 빵집에 가서 초콜릿 케이크 먹자.

사탕 candy   레몬차 lemon tea

문법과 표현 1 동-는데, 형-(으)ㄴ데 1

1. 빈칸에 알맞게 쓰세요.
Fill in the blanks.

	-는데		-(으)ㄴ데
먹다	먹는데	작다	작은데
듣다		크다	
가다		가깝다	
숙제하다		멀다	
만들다		맛있다	
살다		재미없다	

2. 그림을 보고 문장을 만들어 보세요.
Look at the picture and create a sentence.

1) 책을 읽다 + 모르는 단어가 많다
→ 책을 읽는데 모르는 단어가 많아요.

2) 요즘 한국어를 배우다 + 재미있다
→

3) 이쪽으로 쭉 가면 식당이 있다 + 은행은 그 옆에 있다
→

4) 비빔밥을 먹었다 + 맛있었다
→

5) 이거는 어제 산 옷이다 + 작아서 바꿔야 되다
→

3. 그림을 보고 대화를 완성해 보세요.
Look at the picture and complete the dialogue.

1)
가: 옷이 마음에 드세요?
나: 사이즈가 좀 <u>작은데</u> 더 큰 거 있어요?

2)
가: 난 삼겹살을 _____ 넌 어때?
나: 나도 삼겹살 좋아해.

3)
가: 영화표가 두 장 _____ 수업 후에 같이 보러 갈까?
나: 미안해. 오늘은 집에서 쉬고 싶어.

4)
가: 싸고 예쁜 옷을 _____ 어디가 좋을까요?
나: 동대문 시장에 가 보세요. 거기 옷이 싸고 디자인도 예뻐요.

5)
가: 비가 _____ 우산을 가져가세요.
나: 네. 알겠어요.

4. 그림을 보고 친구와 이야기해 보세요.
Look at the picture and talk with your partner.

장 counter for paper/pages/tickets

문법과 표현 2 동-(으)ㄹ래요

1. 빈칸에 알맞게 쓰세요.
Fill in the blanks.

	-(으)ㄹ래요		-(으)ㄹ래요
먹다	먹을래요	듣다	
읽다		놀다	
가다		만들다	
돕다		짓다	

2. 그림을 보고 대화를 완성해 보세요.
Look at the picture and complete the dialogue.

1)
가: 뭐 먹을 거야?
나: 난 순두부찌개 먹을래   .

2)
가: 뭐 읽을 거야?
나: 난 소설을 좋아해.   .

3)
가: 우리 커피 마시자.
나: 아니. 난 그냥   .

4)
가: 오늘 시간이 있으면 같이 영화 볼까?
나: 아니. 난 피곤해서   .

5)
가: 한강에 가서 자전거 탈까요?
나: 아니요. 내일이 시험이라서 저는   .

 소설 novel

3. 그림을 보고 대화를 완성해 보세요.
Look at the picture and complete the dialogue.

1)
가: 날씨가 좋은데 같이 <u>산책할래</u>?
나: 그래. 산책하자.

2)
가: 뭐 _____?
나: 갈비 먹을까? 이 식당은 갈비가 정말 맛있어.

3)
가: 어디에 _____?
나: 날씨가 더우니까 시원한 바다에 가자.

4)
가: 오늘 오후에 같이 테니스 _____?
나: 미안해. 오늘은 일찍 집에 가야 돼.

5)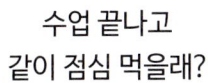
가: 내일이 추석인데 같이 송편 _____?
나: 좋아요. 재미있을 것 같아요.

4. 그림을 보고 친구와 이야기해 보세요.
Look at the picture and talk with your partner.

수업 끝나고 같이 점심 먹을래?

그래. 같이 먹자.

미안해. 난 일찍 집에 갈래.

어휘 Vocabulary

1. 알맞은 것을 연결해 보세요.
Match the picture with the appropriate word.

1)  • • ① 양식

2)  • • ② 일식

3)  • • ③ 중식

4)  • • ④ 채식

5)  • • ⑤ 한식

2. 알맞은 것을 골라서 문장을 완성해 보세요.
Select the appropriate word to complete the sentence.

| 맛 | 값 | 서비스 | 교통 | 분위기 |

1) 이 식당은 _____ 이/가 편리합니다. 지하철역에서 걸어서 5분 걸립니다.

2) 이 식당은 _____ 이/가 없습니다. 음식이 다 너무 맵고 짭니다.

3) 이 식당은 _____ 이/가 쌉니다. 맛있고 양도 많아서 사람들이 좋아합니다.

4) 이 식당은 _____ 이/가 좋습니다. 직원이 친절하고 음료수도 무료로 줍니다.

5) 이 식당은 _____ 이/가 좋습니다. 식당이 아주 예뻐서 사람들이 사진 찍으러 많이 옵니다.

양 quantity

3. 알맞은 것을 골라서 쓰세요.
Select the appropriate word to fill in the blank.

> 메뉴   후기   추천

엄마손식당
📱 010-8880-5488

1)

볶음밥	된장찌개	칼국수	삼겹살
7,000원	8,000원	8,000원	9,000원

2) ★★★★★ 👍

고객님들의 3)
- 엄마가 해 주신 음식 맛이에요.
- 음식이 깨끗하고 맛있어요.
- 칼국수를 꼭 먹어 보세요.

오시는 길
- 강남역 8번 출구
- 엄마손식당

10,000원 이상 배달됩니다. (배달비: 2,000원)

4. 위의 그림을 보고 친구와 이야기해 보세요.
Look at the picture above and talk with your partner.

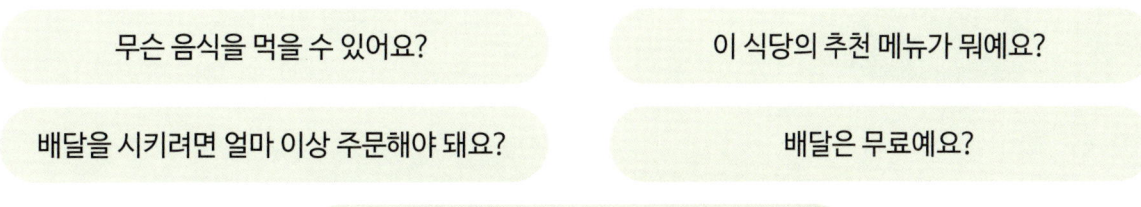

- 무슨 음식을 먹을 수 있어요?
- 이 식당의 추천 메뉴가 뭐예요?
- 배달을 시키려면 얼마 이상 주문해야 돼요?
- 배달은 무료예요?
- 이 식당은 교통이 어때요?

이상 or more   배달되다 to be delivered   배달비 delivery fee

문법과 표현 ③ 명 중에서

1. 문장을 만들어 보세요.
Create a sentence.

1) 과일 / 사과를 제일 좋아하다 → 과일 중에서 사과를 제일 좋아해요.
2) 운동 / 농구를 제일 잘하다 → _____.
3) 학교 근처 카페 / 이 카페가 제일 예쁘다 → _____.
4) 지금까지 본 영화 / 이 영화가 제일 재미있다 → _____.
5) 지금까지 가 본 곳 / 제주도가 제일 좋았다 → _____.

2. 그림을 보고 문장을 완성해 보세요.
Look at the picture and complete the sentence.

1)  한국 음식 중에서 된장찌개를 가장 좋아해요.

2)  _____ 수영이 제일 재미있어요.

3)  _____ 겨울을 가장 좋아해요.

4)  _____ 오빠가 제일 키가 커요.

5) 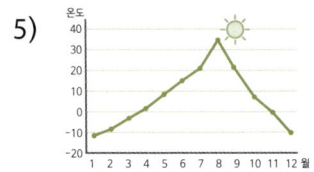 _____ 8월이 제일 더워요.

 가장 most

3. 그림을 보고 대화를 만들어 보세요.
   Look at the picture and create a dialogue.

1) 가: 세계에서 제일 큰 나라가 어디예요?
   나: 러시아가 제일 커요.

2) 가: _____?
   나: 제주도가 제일 아름다워요.

3) 가: _____?
   나: 강남역이 가장 복잡해요.

4) 가: _____?
   나: 크리스 씨가 제일 커요.

4. 알맞은 것을 고르세요.
   Circle the appropriate expression to complete the sentence.

   1) 저는 한국 음식 (중에서/ 에서) 삼계탕을 가장 좋아해요.

   2) 한국 (중에서 / 에서) 제일 높은 산은 한라산이에요.

   3) 엥흐 씨는 우리 반 학생 (중에서 / 에서) 나이가 제일 많아요.

   4) 제가 배운 외국어 (중에서 / 에서) 한국어가 가장 재미있어요.

5. 친구와 이야기해 보세요.
   Talk with your partner.

우리 반 친구들 중에서 누가 제일 친절해요?

마리 씨가 제일 친절해요.

우리 반 친구들

운동

먹어 본 한국 음식

가 본 곳

세계 world

문법과 표현 4 동-아다/어다 주다

1. 빈칸에 알맞게 쓰세요.
Fill in the blanks.

	-아다/어다 주다		-아다/어다 주다
찾다	찾아다 주다	만들다	
사다		빌리다	
찍다		하다	

2. 그림을 보고 문장을 완성해 보세요.
Look at the picture and complete the sentence.

| 데려다주다 | 모셔다드리다 |

1)  할아버지를 댁에 모셔다드렸어요 .
2) 동생을 _____ .
3) 할머니를 _____ .
4) 아버지를 _____ .
5) 누나를 _____ .
6) 강아지를 _____ .

 데려다주다 to take someone to some place   모셔다드리다 to take someone to some place (honorific expression)

3. 그림을 보고 친구와 이야기해 보세요.
Look at the picture and talk with your partner.

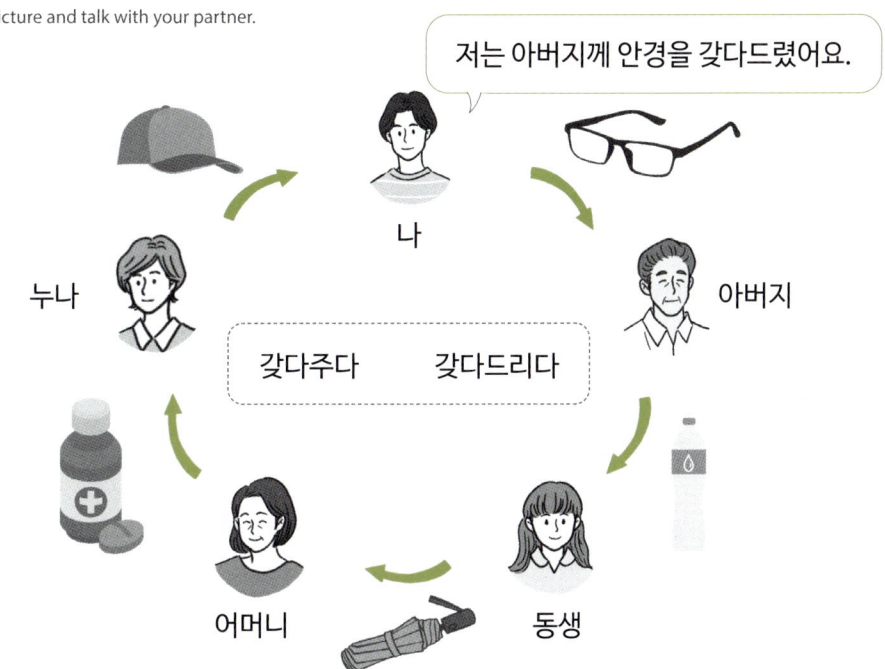

저는 아버지께 안경을 갖다드렸어요.

갖다주다   갖다드리다

4. 그림을 보고 대화를 완성해 보세요.
Look at the picture and complete the dialogue.

1) 가: 나 지금 마트에 왔는데 필요한 거 있어?
   나: 그럼 미안하지만 휴지 좀 사다 줘   .

2) 가: 나 지금 도서관에 왔는데 필요한 거 있어?
   나: 그럼 미안하지만   .

3) 가: 저 지금 집에 가는 길인데 필요한 거 있어요?
   나: 그럼 미안하지만 경비실에서   .

4) 가: 여보세요? 서울피자입니다.
   나: 여기 서울아파트 305호인데요.   .

5) 가: 나 지금 편의점에 왔는데 필요한 거 있어?
   나: 그럼 미안하지만   .

갖다주다 to bring something to someone   갖다드리다 to bring something to someone (honorific expression)
경비실 security office

12

외모와 성격 Appearances & Personalities

12-1 까만 스웨터를 입고 있어요
12-2 제 친구는 바다처럼 마음이 넓습니다

	어휘	착용 동사, 색깔
12-1	문법과 표현	'ㅎ' 불규칙 동-고 있다
12-2	어휘	외모, 성격
	문법과 표현	명처럼/같이 동형-았으면/었으면 좋겠다

어휘 Vocabulary

1. 그림을 보고 알맞은 것을 골라서 쓰세요.
Look at the picture and select the appropriate word to fill in the blank.

까만색/검은색   하얀색/흰색   빨간색   노란색   초록색/녹색   갈색   하늘색

1) 노란색
2)
3)
4)
5)
6)
7)

2. 관계가 있는 것을 연결해 보세요.
Match the picture with the relevant expression.

1) 〔장갑〕 · · ① 입다

2) 〔양말〕 · · ② 쓰다

3) 〔모자〕 · · ③ 끼다

4) 〔가방〕 · · ④ 하다

5) 〔재킷〕 · · ⑤ 신다

6) 〔넥타이〕 · · ⑥ 메다

3. 그림을 보고 대화를 완성해 보세요.
Look at the picture and complete the dialogue.

1)

가: 다니엘 씨, 오늘 왜 정장을 __입었어요__ ?
나: 오늘 친구 결혼식에 가야 해서요.

2)

가: 목이 아파요? 왜 마스크를 _____ 았어요/었어요?
나: 감기에 걸렸어요.

3)

가: 나나 씨가 누구예요?
나: 빨간 가방을 _____ (으)ㄴ 사람이에요.

4)

가: 그 옷에는 이 넥타이가 더 잘 어울릴 것 같아.
나: 그래? 그럼 그거 _____ (으)ㄹ게.

5)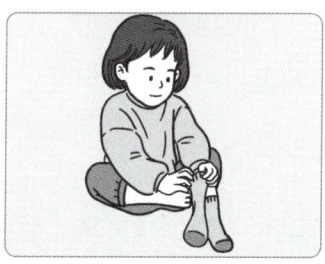

가: 정민아, 나가기 전에 꼭 양말 _____ 아야/어야 돼.
나: 알겠어요, 엄마.

6)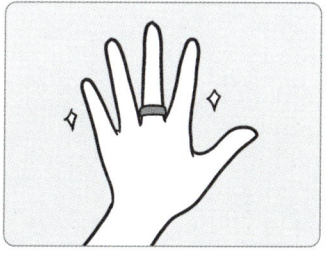

가: 이 반지가 예쁘네요.
나: 마음에 드시면 한번 _____ 아/어 보세요.

정장 suit   마스크 mask   반지 ring

문법과 표현 ① 'ㅎ' 불규칙

1. 빈칸에 알맞게 쓰세요.
Fill in the blanks.

	-습니다/ㅂ니다	-고	-아요/어요	-아서/어서	-(으)ㄴ	-(으)니까
빨갛다	빨갛습니다					
노랗다		노랗고				
파랗다			파래요			
까맣다				까매서		
하얗다					하얀	
이렇다						이러니까
그렇다						
저렇다						

2. 대화를 완성해 보세요.
Complete the dialogue.

1) 가: 한국 음식이 <u>어때요</u>? (어떻다)

   나: 저는 매운 음식을 좋아해서 한국 음식이 입에 잘 맞아요.

2) 가: 배가 계속 아파요.

   나: _____ (으)면 참지 말고 병원에 가 보세요. (그렇다)

3) 가: 저기 좀 보세요. 백화점 앞에 길이 너무 막히네요.

   나: 주말에는 항상 _____ 아요/어요. 백화점은 평일에 가는 게 좋아요. (저렇다)

4) 가: _____ (으)ㄴ 스타일 옷이 어때요? (이렇다)

   나: 마음에 들어요. 한번 입어 볼게요.

5) 가: 유진 씨는 _____ (으)ㄴ 사람을 좋아해요? (어떻다)

   나: 저는 따뜻하고 친절한 사람을 좋아해요.

입에 맞다 to go well with one's palate   참다 to endure

3. 그림을 보고 알맞은 것을 골라서 대화를 완성해 보세요.
Look at the picture and select the appropriate word to complete the dialogue.

> 하얗다   까맣다   빨갛다   노랗다   파랗다

1)
가: 장례식에 어떤 옷을 입고 가야 돼요?
나: <u>까만</u> 옷을 입는 게 좋아요.

2)
가: 얼굴이 왜 이렇게 _____ 아요/어요?
나: 열이 나는 것 같아요. 이따 병원에 가려고요.

3)
가: 어떤 바나나가 맛있어요?
나: 색깔이 _____ 고 큰 바나나가 맛있어요.

4)
가: 하늘 색깔 좀 보세요. 정말 파랗지요?
나: 네. 가을 하늘은 정말 _____ 아서/어서 기분이 좋아요.

5)
가: 와, 눈이 많이 오네요.
나: 온 세상이 _____ 아서/어서 정말 깨끗해 보여요.

장례식 funeral   온 세상 whole world

문법과 표현 2 동-고 있다

1. **문장을 만들어 보세요.**
   Create a sentence.

   1) 스웨터 / 입다 → 스웨터를 입고 있어요.
   2) 양말 / 신다 →
   3) 배낭 / 메다 →
   4) 반지 / 끼다 →
   5) 귀걸이 / 하다 →
   6) 안경 / 쓰다 →

2. **그림을 보고 친구와 이야기해 보세요.**
   Look at the picture and talk with your partner.

배낭 backpack

3. 대화를 완성해 보세요.
Complete the dialogue.

1) 가: 저기 회색 목도리를 <u>하고 있는</u> 사람이 민우 씨지요?
   나: 네. 민우 씨 맞아요.

2) 가: 마리 씨, 왜 결혼반지를 안 _____ 아요/어요?
   나: 손가락이 부어서 좀 불편해서요.

3) 가: 저기 배낭을 _____ 는 아이가 제 동생이에요.
   나: 그래요? 정말 귀엽네요.

4) 가: 수영 모자가 너무 답답해서 벗고 싶어요.
   나: 수영장에서는 꼭 수영 모자를 _____ 아야/어야 해요.

5) 가: 에릭 씨, 무슨 일 있어요? 정장을 _____ 네요.
   나: 네. 오늘 수업 끝나고 회사 면접이 있어요.

6) 가: 아기가 지금 _____ 는 양말이 정말 귀엽네요. 어디에서 샀어요?
   나: 인터넷으로 샀는데 주소 알려 드릴게요.

4. 우리 반 친구들이 무슨 옷을 입고 왔어요? 친구와 이야기해 보세요.
What did your classmates wear to class? Talk with your partner.

크리스 씨는 노란 셔츠와 청바지를 입고 왔어요.

제니 씨는 분홍색 원피스를 입고 하얀 운동화를 신고 왔어요. 그리고 빨간 가방을 메고 왔어요.

목도리 scarf   결혼반지 wedding ring   답답하다 to be stuffy   면접 interview   셔츠 shirt

어휘 Vocabulary

1. 알맞은 것을 연결하고 문장을 만들어 보세요.
Match the relevant items and create a sentence.

2. 그림을 보고 알맞은 것을 골라서 대화를 완성해 보세요.
Look at the picture and select the appropriate word to complete the dialogue.

> 활발하다   내성적이다   부지런하다   (게으르다)   급하다   느긋하다   착하다

1)
가: 나나 씨, 시험공부 다 했어요?
나: 아직 시작도 안 했어요. 전 너무 __게으른__ 것 같아요.

2)
가: 에릭 씨는 성격이 어때요?
나: 저는 성격이 _____ 아요/어요.
사람들을 만나서 함께 이야기하는 것이 즐거워요.

3)
가: 제니 씨는 오늘도 외출했어요?
나: 네. 아침에 수영도 하고 시장에도 다녀왔어요.
그리고 지금 한국어 공부하러 다시 나갔어요.
제니 씨는 정말 _____ (으)ㄴ 것 같아요.

4)
가: 다니엘 씨는 성격이 어때요?
나: 저는 조금 _____ (이)라서 혼자 있는 것을 좋아해요.

5)
가: 늦어서 미안해요. 오다가 무거운 가방을 들고 가시는 할머니를 만나서 좀 도와드렸어요.
나: 괜찮아요. 하이 씨는 정말 _____ (으)ㄴ 사람이네요.

6)
가: 마리 씨 남편은 성격이 어때요?
나: 제 남편은 성격이 _____ 아요/어요.
밥도 천천히 먹고 말도 천천히 해요.

7)
가: 여행 재미있었어요?
나: 네. 그런데 같이 간 친구 성격이 _____ 아서/어서
조금 힘들었어요. 항상 빨리빨리 서둘러야 했어요.

 들다 to hold   빨리빨리 quickly

문법과 표현 3 명처럼/같이

1. 문장을 완성해 보세요.
Complete the sentence.

1) 요리사 / 요리를 잘하다 ➡ 나나 씨는 <u>요리사처럼 요리를 잘해요</u>.
2) 화가 / 그림을 잘 그리다 ➡ 아야나 씨는 _____.
3) 모델 / 멋있다 ➡ 에릭 씨는 _____.
4) 농구 선수 / 키가 크다 ➡ 크리스 씨는 _____.
5) 인형 / 귀엽다 ➡ 마리 씨는 _____.

2. 알맞은 것을 연결하고 문장을 만들어 보세요.
Match the expressions that go together and complete the sentence.

1) 가수 • • 착하다
2) 개미 • • 부지런하다
3) 천사 • • 어깨가 넓다
4) 한국 사람 • • 노래를 잘하다
5) 수영 선수 • • 한국말을 잘하다

1) 우리 언니는 <u>가수처럼 노래를 잘해요</u>.
2) 제 룸메이트는 _____.
3) 우리 형은 _____.
4) 제 친구는 _____.
5) 제 동생은 _____.

모델 model　개미 ant　천사 angel

3. 그림을 보고 대화를 완성해 보세요.
Look at the picture and complete the dialogue.

1)
가: 구두가 참 편해 보여요.
나: 네. <u>　운동화처럼　</u> 편해요.

2)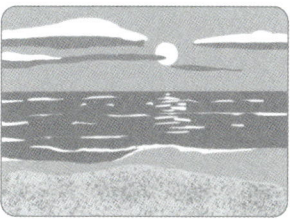
가: 마리 씨는 항상 친구들을 잘 도와줘요.
나: 정말 그래요. 마리 씨는 _____ 마음이 넓어요.

3)
가: 여행 잘 갔다 왔어요?
나: 네. 제주도 바다가 _____ 아름다웠어요.

4)
가: 어서 오세요.
나: 와, 방이 _____ 깨끗하고 좋네요.

5)
가: 김 선생님은 항상 9시 5분 전에 교실에 오세요.
나: 맞아요. _____ 정확하신 것 같아요.

4. 우리 반 친구들이 어때요? 친구와 이야기해 보세요.
What do you think about your classmates? Talk with your partner.

제니 씨는 운동선수처럼 운동을 잘해요. 정말 멋있어요.

다니엘 씨는 선생님처럼 똑똑해요. 한국말도 아주 잘해요.

 정확하다 to be accurate

문법과 표현 4 동/형 -았으면/었으면 좋겠다

1. 빈칸에 알맞게 쓰세요.
Fill in the blanks.

	-았으면/었으면 좋겠다		-았으면/었으면 좋겠다
받다	받았으면 좋겠다	맑다	
만나다		싸다	
돕다		맛있다	
듣다		건강하다	
서두르다		쉽다	
낫다		까맣다	

2. 그림을 보고 문장을 만들어 보세요.
Look at the picture and create a sentence.

1) 춤을 잘 추다 — 춤을 잘 췄으면 좋겠어요.
2) 세계 여행을 하다
3) 시험이 쉽다
4) 가수가 되다
5) 키가 크다
6) 감기가 빨리 낫다
7) 얼굴에 뭐가 안 나다
8) 부모님이 건강하시다

되다 to become

3. 대화를 만들어 보세요.
Create a dialogue.

1) 가: 점심에 뭐 먹고 싶어요?
   나: 오늘은 날씨가 더우니까 냉면을 먹었으면 좋겠어요.

2) 가: 주말에 뭐 하고 싶어요?
   나: _____.

3) 가: 방학에 뭐 하고 싶어요?
   나: _____.

4) 가: 생일에 무슨 선물을 받고 싶어요?
   나: _____.

5) 가: 한국어 공부가 끝나면 뭐 하고 싶어요?
   나: _____.

6) 가: 고향에 돌아가면 제일 먼저 뭐 하고 싶어요?
   나: _____.

4. 친구나 가족에게 바라는 것이 있어요? 친구와 이야기해 보세요.
Is there something you wish from your friends and family? Talk with your partner.

저는 고향 친구가 한국에 놀러 왔으면 좋겠어요.

저는 부모님이 건강하셨으면 좋겠어요.

복습 4

어휘 Vocabulary

✏️ 아는 단어에 ✔ 하세요.

10단원

설명하다 ☐	발표하다 ☐	말하기 ☐
이해하다 ☐	잊어버리다 ☐	듣기 ☐
질문하다 ☐	맞다 ☐	읽기 ☐
대답하다 ☐	틀리다 ☐	쓰기 ☐
외우다 ☐		

이메일을 쓰다 ☐	등록하다 ☐	장학금을 받다 ☐
이메일을 확인하다 ☐	교과서를 사다 ☐	수료하다 ☐
답장을 보내다 ☐	학생증을 받다 ☐	학기 ☐
이메일을 지우다 ☐	상을 받다 ☐	등록금 ☐

11단원

밥 ☐	순두부찌개 ☐	감자탕 ☐
볶음밥 ☐	된장찌개 ☐	삼계탕 ☐
국수 ☐	고기 ☐	달다 ☐
라면 ☐	치킨 ☐	쓰다 ☐
칼국수 ☐	갈비 ☐	짜다 ☐
찌개 ☐	탕 ☐	시다 ☐

한식 ☐	메뉴 ☐	값이 싸다/비싸다 ☐
일식 ☐	추천 ☐	서비스가 좋다/나쁘다 ☐
중식 ☐	후기 ☐	교통이 편리하다/불편하다 ☐
양식 ☐	맛 ☐	분위기가 좋다/나쁘다 ☐
채식 ☐		

12단원

색깔/색 ☐	파란색 ☐	분홍색 ☐
까만색/검은색 ☐	초록색/녹색 ☐	하늘색 ☐
하얀색/흰색 ☐	보라색 ☐	끼다 ☐
회색 ☐	주황색 ☐	하다 ☐
빨간색 ☐	갈색 ☐	메다 ☐
노란색 ☐		

이마가 넓다/좁다 ☐	활발하다 ☐	성격이 급하다 ☐
쌍꺼풀이 있다/없다 ☐	내성적이다 ☐	느긋하다 ☐
눈썹이 진하다/연하다 ☐	부지런하다 ☐	착하다 ☐
어깨가 넓다/좁다 ☐	게으르다 ☐	

[1~2] 밑줄 친 것과 의미가 같은 것을 고르세요.

1.
   가: 어제 간 옷 가게 어땠어요?
   나: 옷은 예뻤지만 가격이 너무 비쌌어요.

   ① 값　　　② 추천　　　③ 후기　　　④ 서비스

2.
   가: 네. 서울병원입니다.
   나: 문의할 게 있어서 전화드렸는데요.

   ① 등록할　　　② 설명할　　　③ 질문할　　　④ 대답할

[3~4] 밑줄 친 것과 의미가 반대되는 것을 고르세요.

3.
   가: 동생도 눈썹이 진해요?
   나: 아니요. 제 동생은 엄마를 닮아서 눈썹이 (　　　).

   ① 연해요　　　② 넓어요　　　③ 있어요　　　④ 좁아요

4.
   가: 오늘 본 단어 시험 다 맞았어요?
   나: 아니요. 문제를 잘못 읽어서 하나 (　　　).

   ① 외웠어요　　　② 틀렸어요　　　③ 대답했어요　　　④ 이해했어요

[5~7] (　) 에 들어갈 가장 알맞은 것을 고르세요.

5.
   가: 그 식당은 (　　　)이/가 어때요?
   나: 좋아요. 커피도 무료로 주고 직원도 친절해요.

   ① 값　　　② 교통　　　③ 서비스　　　④ 분위기

6.
   가: 어떤 사람을 좋아해요?
   나: 저는 (　　　)이/가 느긋한 사람을 좋아해요.

   ① 기분　　　② 성격　　　③ 외모　　　④ 취미

7.
   가: 제가 어제 이메일을 보냈는데 봤어요?
   나: 아니요. 아직 못 봤어요. 지금 (　　　).

   ① 쓸게요　　　② 지울게요　　　③ 받을게요　　　④ 확인할게요

문법과 표현
Grammar & Expression

10단원

반말 1	지금 뭐 **해**? - 밥 **먹어**. 저 사람은 **누구야**? - 내 **동생이야**.
반말 2	주말에 뭐 **했어**? - 집에서 **쉬었어**. 방학에 뭐 **할 거야**? - 여행 **갈 거야**. 빨리 **와**. 비가 오니까 밖에 **나가지 말자**.
동 -나요? 형 -(으)ㄴ가요? 명 인가요?	언제까지 신청해야 **하나요**? 우체국이 여기에서 **먼가요**? 학생은 **무료인가요**?
동 -(으)려면	통장을 **만들려면** 신분증이 필요해요.

11단원

동 -는데 형 -(으)ㄴ데 1	산책하러 **가는데** 같이 갑시다. 머리가 **아픈데** 혹시 약 있어요?
동 -(으)ㄹ래요	뭐 **먹을래**? - 난 순두부찌개 **먹을래**.
명 중에서	저는 **한국 음식 중에서** 김밥을 제일 좋아해요.
동 -아다/어다 주다	친구가 아파서 약을 **사다 줬어요**.

12단원

'ㅎ' 불규칙	오늘은 하늘이 맑고 **파래요**.
동 -고 있다	저기 까만 원피스를 **입고 있는** 사람이 우리 언니예요.
명 처럼/같이	제 동생은 **인형처럼** 귀여워요.
동 형 -았으면/었으면 좋겠다	저는 성격이 **활발했으면 좋겠어요**.

복습 4

[1~2] ( )에 들어갈 가장 알맞은 것을 고르세요.

1. 가: 나 지금 교과서를 사러 ( ) 같이 갈래?
   나: 그래. 좋아.

   ① 가다가　② 가는데　③ 가려면　④ 갔으면

2. 가: 미안한데 편의점에서 우유 좀 ( ).
   나: 우유요? 네. 알겠어요.

   ① 살래요　② 살까 해요　③ 사면 돼요　④ 사다 주세요

[3~6] 밑줄 친 부분을 맞게 고쳐 보세요.

3. 피곤하는데 좀 쉴까요?　➡ _____

4. 우리 언니는 천사처럼이에요.　➡ _____

5. 내 친구는 김치찌개를 먹을래.　➡ _____

6. 우리 반 학생에서 닛쿤 씨가 제일 노래를 잘해요.　➡ _____

[7~10] 알맞은 것을 골라 대화를 만들어 보세요.

> -(으)려면　중에서　처럼/같이　-는데　-(으)ㄴ데　-았으면/었으면 좋겠다

7. 가: 무슨 운동을 제일 좋아해요?
   나: _____.

8. 가: 명동에 어떻게 가야 돼요?
   나: _____.

9. 가: 자밀라 씨는 성격이 어때요?
   나: _____.

10. 가: 방학에 뭐 하고 싶어?
    나: _____.

듣기 Listening

[1~2] 다음 대화를 듣고 알맞은 그림을 고르세요.

1. ①  ②
   ③  ④

2. ①  ②
   ③  ④

[3~6] 다음을 듣고 이어지는 말을 고르세요.

3. ① 착했으면 좋겠어요.　　　② 쌍꺼풀이 없어서 좋아해요.
   ③ 저는 성격이 급한 것 같아요.　④ 저는 외모보다 성격이 중요해요.

4. ① 그래. 갈비탕 시키자.　　　② 친구하고 같이 먹을래.
   ③ 여기 갈비탕을 정말 좋아해.　④ 나도 갈비탕을 안 먹어 봤어.

5. ① 그럼 이 녹색 꽃을 사다 드릴게요.　② 선물하려면 우리 꽃집에 오세요.
   ③ 그럼 이 노란색 꽃을 선물해 보세요.　④ 어머니께 이 꽃을 받았으면 좋겠어요.

6. ① 아니요. 저도 질문할래요.　　② 이해하려면 복습해야 돼요.
   ③ 네. 다시 설명해 주셨으면 좋겠어요.　④ 어제 배운 것 중에서 이 단어만 몰라요.

[7~8] 다음은 무엇에 대해 말하고 있습니까? 알맞은 것을 고르세요.

7. ① 외모　　② 성격　　③ 만남　　④ 취미

8. ① 값　　② 맛　　③ 교통　　④ 분위기

[9~11] 다음을 듣고 들은 내용과 같은 것을 고르세요.

9. ① 두 사람은 지금 카페에 있습니다.　② 남자는 지금 발표를 준비해야 합니다.
   ③ 여자는 오늘 커피를 마시지 않았습니다.　④ 여자는 남자에게 커피를 사다 줄 것입니다.

10. ① 남자는 수영장 직원입니다.　② 남자는 수영장에서 뛰었습니다.
    ③ 남자는 수영복을 입으려고 합니다.　④ 남자는 수영 모자를 쓰고 있습니다.

운동복 sportswear　꽃집 flower shop　창밖 outside the window　졸리다 to be sleepy
위험하다 to be dangerous　뛰다 to run

11. ① 가방에 아이의 인형이 들었습니다. ② 여자는 아이의 인형을 놓고 갔습니다.
    ③ 남자는 여자의 가방을 잃어버렸습니다. ④ 여자는 아이의 갈색 가방을 찾았습니다.

[12~13] **다음을 듣고 물음에 답하세요.**

12. 여자는 왜 전화했습니까?
    ① 음식을 추가하려고 ② 주문한 메뉴를 바꾸려고
    ③ 배달받을 주소를 확인하려고 ④ 시간이 얼마나 걸리는지 물어보려고

13. 들은 내용과 같은 것을 고르세요.
    ① 여자는 30분 후에 식당에 갈 것입니다. ② 여자는 매운 음식을 별로 안 좋아합니다.
    ③ 여자는 남자가 추천한 메뉴를 주문했습니다. ④ 여자는 친구에게 닭갈비를 사다 줄 것입니다.

[14~15] **다음을 듣고 물음에 답하세요.**

14. 여자는 무엇을 만들 것입니까?
    ① 여권　　　　② 학생증　　　　③ 회원증　　　　④ 외국인 등록증

15. 들은 내용과 같은 것을 고르세요.
    ① 여자는 오늘 책을 빌릴 수 없습니다. ② 외국인은 도서관을 이용할 수 없습니다.
    ③ 여자는 오늘 도서관에 다시 올 것입니다. ④ 여자는 남자에게 신분증을 보여 줬습니다.

회원증 membership card

읽기 Reading

[1~3] 다음을 읽고 <u>맞지 않는</u> 것을 고르세요.

1.

서울떡볶이

❖ 양을 선택하세요.
　☐ 1인분　☑ 2인분　☐ ＿＿인분

❖ 매운맛을 선택하세요.

❖ 아래의 추가 메뉴 중에서 두 가지를 선택하세요.
　☑ 계란　☐ 만두　☑ 라면　☐ 치즈

※ 떡볶이를 드시고 난 후에 볶음밥을 드실 수 있습니다.
※ 포장은 1,000원 할인해 드립니다.

① 이 사람은 추천 맛을 선택했습니다.
② 이 사람은 떡볶이에 계란과 라면을 넣었습니다.
③ 떡볶이를 포장하려면 1,000원을 더 내야 합니다.
④ 볶음밥을 먹으려면 떡볶이를 먼저 먹어야 합니다.

2.

자원봉사자 모집

가족처럼 아이들을 사랑하고 돌봐 주실 분을 모집합니다. 꼼꼼하고 부지런한 분을 환영합니다. 아이들의 간식을 준비하고 같이 놀아 주시면 됩니다. 6개월 동안 함께할 수 있는 분이 신청해 주셨으면 좋겠습니다.

❖ 장소: 서울어린이집　|　❖ 전화: 02-880-5488

① 부지런한 사람이 신청하면 좋습니다.
② 어린이집에서 아이의 가족을 찾고 있습니다.
③ 여섯 달 동안 일해 줄 사람을 모집하고 있습니다.
④ 자원봉사자는 아이들이 먹을 것을 준비해야 합니다.

인분 counter for serving(s)　만두 dumpling　자원봉사자 volunteer　돌보다 to take care of
꼼꼼하다 to be meticulous　함께하다 to be together　어린이집 day care center

3.

강아지를 찾습니다

이름: 초롱이
나이: 3살
성별: 여
색깔: 하얀색

이 공원에서 1월 19일에 잃어버린 강아지를 찾습니다. 우리 강아지는 눈이 크고 다리가 깁니다. 그리고 성격이 활발하고 사람을 좋아합니다. 빨간 옷을 입고 있습니다. 저에게는 동생처럼 소중한 강아지입니다. 이런 강아지를 보신 분은 꼭 연락해 주세요.

📞 연락처: 010-0880-5488

① 동생이 강아지를 잃어버렸습니다.
② 강아지는 빨간색 옷을 입었습니다.
③ 강아지를 찾으려고 이 글을 썼습니다.
④ 강아지는 사람과 함께 있는 것을 좋아합니다.

[4~5] **다음을 읽고 순서가 알맞은 것을 고르세요.**

4.

< 2급 1반

(가) 그 이메일을 확인해 주세요.
(나) 다음 주 금요일에 말하기 대회가 있어요.
(다) 말하기 대회 안내문은 이메일로 보냈어요.
(라) 그리고 참가하려면 내일까지 답장을 보내 주세요.

① (나) - (가) - (라) - (다)
② (나) - (다) - (가) - (라)
③ (다) - (나) - (가) - (라)
④ (다) - (라) - (나) - (가)

5.

(가) 그래서 평소에 고기를 먹지 않습니다.
(나) 저는 고기를 먹으면 소화가 잘 안 됩니다.
(다) 그런데 한국에는 채식 식당이 별로 없습니다.
(라) 한국에 채식 식당이 많이 생겼으면 좋겠습니다.

① (나) - (가) - (다) - (라)
② (나) - (다) - (가) - (라)
③ (라) - (가) - (다) - (나)
④ (라) - (다) - (나) - (가)

 소중하다 to be precious   안내문 announcement   참가하다 to participate   평소 usually

[6~7] 다음을 읽고 중심 생각을 고르세요.

6.
> 제 이상형은 저를 잘 이해해 주는 착한 사람입니다. 얼굴이나 키는 중요하지 않습니다. 따뜻한 마음을 가진 사람과 함께 있으면 저도 그 사람처럼 좋은 사람이 될 수 있을 것 같습니다.

① 저는 다른 사람을 잘 이해합니다.　　② 저는 외모보다 성격이 중요합니다.
③ 저는 사람들이 착했으면 좋겠습니다.　④ 저는 따뜻한 사람을 만나면 기분이 좋습니다.

7.
> 파란 하늘의 하얀 구름을 보면 참 아름답습니다. 초록색 나뭇잎과 분홍색 벚꽃을 보면 기분이 참 좋습니다. 그리고 아기의 까만 눈을 보면 행복합니다. 이 세상의 여러 가지 색깔 중에서 예쁘지 않은 색은 하나도 없습니다.

① 모든 색은 아름답습니다.　　　② 아기의 눈을 좋아합니다.
③ 꽃 중에서 벚꽃이 제일 좋습니다.　④ 이 세상에는 여러 가지 색깔이 있습니다.

[8~9] 다음을 읽고 (　)에 들어갈 알맞은 말을 고르세요.

8.
> 저는 한국의 배달 문화를 아주 좋아합니다. 그중에서 특히 한국의 음식 배달 서비스는 아주 빠르고 편리합니다. 음식을 시키면 보통 30분 안에 집까지 (　　　　). 그리고 한식, 일식, 중식 등 다양한 음식을 주문할 수 있습니다. 케이크나 아이스크림 같은 후식도 배달시킬 수 있습니다.

① 갖다줍니다　　② 사다 줍니다　　③ 데려다줍니다　　④ 주문해 줍니다

9.
> 저는 외국에 여행을 가면 그 나라의 음식을 먹어 봅니다. 숙소의 직원에게 근처의 식당 중에서 그 나라 사람들이 많이 가는 곳을 (　　　　) 그 식당을 찾아갑니다. 가끔 내 입맛에 맞지 않거나 분위기가 좋지 않은 곳도 있지만 그 나라의 문화를 더 잘 느낄 수 있어서 좋습니다.

① 문의해 보거나　② 확인해 보다가　③ 추천받은 후에　④ 가르쳐 주고 나서

　중요하다 to be important　　구름 cloud　　나뭇잎 leaf

[10~11] 다음을 읽고 물음에 답하세요.

> 저는 처음 보는 사람과 이야기하는 것이 힘들었습니다. 그리고 여러 사람 앞에서 제 생각을 말하는 것이 무서웠습니다. (㉠) 다른 사람들이 저를 보고 있으면 너무 창피해서 아는 것도 잊어버렸습니다. (㉡) 그래서 매일 거울을 보면서 말하는 연습을 했습니다. 가끔은 제가 말하는 것을 동영상으로 찍어서 여러 번 다시 봤습니다. (㉢) 이제는 사람들 앞에서 이야기하는 것이 무섭지 않습니다. (㉣) 여러분도 저처럼 해 봤으면 좋겠습니다.

10. 다음 문장이 들어갈 곳을 고르세요.

> 저는 이런 제 성격을 바꾸고 싶었습니다.

① ㉠ ② ㉡ ③ ㉢ ④ ㉣

11. 이 글의 내용과 같은 것을 고르세요.

① 저는 거울을 보는 것이 창피했습니다.
② 저는 제 말하기 연습 방법을 추천하고 싶습니다.
③ 저는 요즘 제 생각을 이야기하는 것이 어렵습니다.
④ 저는 제가 만든 동영상을 친구들에게 보여 줬습니다.

[12~13] 다음을 읽고 물음에 답하세요.

> (㉠)
> 저는 영화 보는 것을 좋아하는데 그중에서 특히 한국 영화를 제일 좋아합니다. 그래서 한국어를 배우려고 한국에 왔습니다. 처음에는 한국어를 배우는 것이 생각처럼 쉽지 않았습니다. 선생님이 질문하시면 빨리 이해하지 못해서 자주 틀린 대답을 했습니다. 하지만 선생님은 천천히 다시 설명해 주시고 친절한 목소리로 틀린 것을 고쳐 주셨습니다. 그리고 선생님도 영화를 좋아하셔서 영화 이야기를 많이 해 주셨습니다.
> 지금은 선생님과 함께 공부하지 않지만 공부를 하면 항상 선생님이 생각납니다. 선생님을 다시 만나면 꼭 이 말씀을 드리고 싶습니다. "선생님, 정말 감사합니다."

 고치다 to correct

12. 이 글의 제목으로 ㉠에 알맞은 것을 고르세요.

    ① 즐거운 한국어 공부
    ② 한국어를 배우는 이유
    ③ 나의 한국어 선생님
    ④ 내가 좋아하는 한국 영화

13. 이 글의 내용과 같은 것을 고르세요.

    ① 이 사람은 이제 한국어를 공부하지 않습니다.
    ② 이 사람은 한국 영화를 많이 봐서 한국어가 쉬웠습니다.
    ③ 이 사람은 한국어를 배우려고 한국 영화를 자주 봅니다.
    ④ 이 사람은 한국어를 공부하면서 항상 선생님을 생각합니다.

[14~15] **다음을 읽고 물음에 답하세요.**

저는 학교 앞에 있는 '집밥'이라고 하는 식당에 자주 갑니다. 이 식당의 메뉴는 매일 다른데 한국 사람들이 집에서 먹는 것처럼 밥과 국, 고기나 생선, 반찬 세 가지가 나옵니다. 다른 음식은 선택할 수 없지만 고기나 생선 중에서 하나를 선택할 수 있습니다. 가격은 5,000원인데 다른 식당보다 싸지만 맛있고 양도 많습니다. 그리고 사장님이 엄마처럼 친절하고 음식을 다 먹으면 무료로 더 주십니다. 여러분도 집에서 만든 것 같은 여러 가지 한국 음식을 먹어 보려면 이 식당에 한번 가 보세요.

14. 왜 이 글을 썼습니까?

    ① 싼 식당을 찾으려고
    ② 한국 음식을 소개하려고
    ③ 좋은 식당을 추천하려고
    ④ 맛있는 식당에 같이 가려고

15. 이 글의 내용과 같은 것을 고르세요.

    ① 이 식당은 맛있고 서비스가 좋습니다.
    ② 이 식당은 선택할 수 있는 메뉴가 많습니다.
    ③ 이 식당은 더 먹고 싶으면 돈을 내야 합니다.
    ④ 이 사람은 한국 사람의 집에서 자주 식사합니다.

  생선 fish   가지 counter for kinds, varieties, sorts   사장님 owner

쓰기 Writing

✏️ 질문을 잘 읽고 200~300자로 글을 쓰세요.

> 여러분이 좋아하는 카페나 식당이 있습니까? 어떤 곳입니까? 왜 좋아합니까?

 글을 다 썼어요?
다시 한번 읽어 보세요.

말하기 Speaking

복습 4

1. 문법을 사용해서 친구와 이야기해 보세요.

반말 1
1) 수업 끝난 후에 보통 뭐 해?
2) 학교생활이 어때?

반말 2
3) 어제 간 식당이 어땠어?
4) 분위기 좋은 카페를 아는데 주말에 같이 갈까?

동-나요?, 형-(으)ㄴ가요?, 명-인가요?
5) 문의할 것이 있으세요?
6) 📞 네. 서울여행사입니다.

동-(으)려면
7) 어떻게 하면 한국어를 잘할 수 있을까요?
8) 한국 친구를 사귀고 싶은데 어떻게 해야 돼요?

동-는데, 형-(으)ㄴ데 1
9) 점심에 먹고 싶은 것이 있어?
10) 우리 오늘 수업 끝난 후에 뭐 할까요?

동-(으)ㄹ래요
11) 너는 뭐 마실 거야?
12) 교과서를 사야 하는데 주말에 같이 서점에 갈래요?

명 중에서
13) 무슨 과일을 제일 좋아해?
14) 한국에서 어디에 여행 가 봤어요? 어디가 제일 좋았어요?

동-아다/어다 주다
15) 저 지금 편의점에 가는데 뭐 필요한 거 있어요?
16) 아이가 혼자 학교에 가요?

'ㅎ' 불규칙
17) 오늘 하늘이 어때요?
18) 무슨 색깔을 제일 좋아해?

동-고 있다
19) 오늘 무슨 옷을 입었어요?
20) _____ 씨는 무슨 신발을 신었어요?

명처럼/같이
21) 선생님은 어떤 분이세요?
22) 이상형은 어떤 사람이야?

동 형-았으면/었으면 좋겠다
23) 생일에 무슨 선물을 받고 싶어?
24) 고향에 돌아가기 전에 꼭 하고 싶은 일이 있어요?

2. 그림을 보고 이야기를 만들어 보세요.

- ☐ 반말
- ☐ 동-나요?, 형-(으)ㄴ가요?, 명인가요?
- ☐ 동-(으)려면
- ☐ 동-는데, 형-(으)ㄴ데1
- ☐ 동-(으)ㄹ래요
- ☐ 명 중에서
- ☐ 동-아다/어다 주다
- ☐ 'ㅎ' 불규칙
- ☐ 동-고 있다
- ☐ 명처럼/같이
- ☐ 동형-았으면/었으면 좋겠다

발음 Pronunciation

10단원

'읽다'의 'ㄺ'은 'ㄱ' 앞에서 [ㄹ]로 발음합니다. 그리고 'ㄴ, ㅁ' 앞에서 [ㅇ]으로 발음합니다. 그 외의 자음 앞에서는 [ㄱ]으로 발음합니다.

나는 **읽기** 시험을 잘 봤어.
[일끼]

난 잡지 **읽는** 걸 좋아해.
[잉는]

🎧 잘 듣고 따라 해 보세요.

① 아침마다 신문을 **읽습니다**.

② 좀 더 큰 소리로 **읽는** 게 어때요?

11단원

두 단어를 함께 발음하는 경우 앞 단어의 마지막 음절 받침소리가 [ㄷ]이고 뒤에 오는 단어가 'ㄴ, ㅁ, ㅇ'으로 시작하면 받침소리 [ㄷ]은 [ㄴ]으로 발음합니다.

가족을 두 달 동안 **못 만났어요**.
[몬만나써요]

파티에 **여섯 명**이 왔어요.
[여선명]

🎧 잘 듣고 따라 해 보세요.

① **몇 명**이 장학금을 신청했나요?

② 지하철에 사람이 많아서 **못 내렸어요**.

12단원

두 단어를 함께 발음하는 경우 앞 단어의 마지막 음절 받침소리가 [ㄱ]이고 뒤에 오는 단어가 'ㄱ, ㄷ, ㅂ, ㅅ, ㅈ'으로 시작하면 [ㄲ, ㄸ, ㅃ, ㅆ, ㅉ]로 발음합니다.

까만색 구두를 신었어요.
[까만색꾸두]

파란색 종이 있어요?
[파란색쫑이]

🎧 잘 듣고 따라 해 보세요.

① 무슨 **색 가방**을 멨어요?

② **책 빌리러** 도서관에 갈래?

🎧 잘 듣고 따라 해 보세요.

① 가: 치킨 몇 마리 시킬까?
  나: 나는 지금 배불러서 많이 못 먹을 것 같아.

② 가: 제 취미는 음악 감상이에요. 다니엘 씨는요?
  나: 저는 책 읽는 거 좋아해요.

13

감정 Emotions

- **13-1** 너무 속상하겠어요
- **13-2** 친구들과 친해지고 싶습니다

13-1	어휘	감정 ①
	문법과 표현	몡 때문에
		동형 -겠-
13-2	어휘	인간관계
	문법과 표현	동형 -(으)ㄹ 때
		형 -아지다/어지다

어휘 Vocabulary

1. 알맞은 것을 연결해 보세요.
Match the picture with the appropriate word.

1)  · · ① 기쁘다

2)  · · ② 신나다

3)  · · ③ 외롭다

4)  · · ④ 속상하다

5)  · · ⑤ 답답하다

2. 알맞은 것을 골라서 문장을 완성해 보세요.
Select the appropriate word to complete the sentence.

| 화나다 　 짜증이 나다 　 긴장되다 　 걱정되다 |

1) 동생이 아프면 _____.

2) 다른 사람이 우리 가족에 대해서 나쁜 말을 하면 _____.

3) 친구들 앞에서 발표를 하면 _____.

4) 새 신발을 신었는데 비가 오면 _____.

3. 그림을 보고 알맞은 것을 골라서 문장을 완성해 보세요.
Look at the picture and select the appropriate word to complete the sentence.

| 즐겁다 | 신나다 | 속상하다 | 외롭다 | 창피하다 | 짜증이 나다 | 걱정되다 |

1) 오랜만에 고향 친구들을 만나서 같이 밥도 먹고 이야기도 많이 했어요. 정말 __즐거웠어요__ .

2) 어린이날에는 아이들이 선물도 받고 놀이공원에도 가요. 그래서 아이들이 가장 _____ 는/(으)ㄴ 날이에요.

3) 아침에 지하철을 탔는데 사람이 많아서 _____ 았어요/었어요.

4) 친구가 오늘 아파서 학교에 안 왔어요. _____ 아서/어서 친구 집에 가 보려고 해요.

5) 크리스마스에 혼자 한국에 있으면 _____ (으)ㄹ 것 같아서 고향으로 가는 비행기표를 예매했어요.

6) 오늘 _____ 는/(으)ㄴ 일이 있었어요. 수업 시간에 방귀를 뀌었는데 소리가 커서 친구들이 웃었어요.

7) 열심히 공부했는데 시험을 잘 못 봐서 _____ 아요/어요.

어린이날 Children's Day   방귀를 뀌다 to fart

문법과 표현 1   명 때문에

1. 문장을 만들어 보세요.
Create a sentence.

1) 일 / 바빠요 → 일 때문에 바빠요.
2) 면접 / 긴장돼요 → _____.
3) 감기 / 병원에 가요 → _____.
4) 돈 / 친구와 싸웠어요 → _____.
5) 등록금 / 아르바이트를 할 거예요 → _____.

2. 그림을 보고 대화를 완성해 보세요.
Look at the picture and complete the dialogue.

1)
가: 어제 왜 학교에 안 왔어요?
나: 감기 때문에 못 왔어요.

2)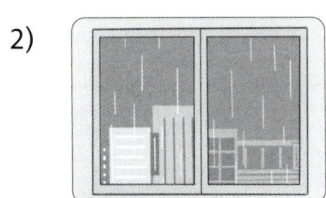
가: 왜 등산을 안 갔어요?
나: _____ 못 갔어요.

3)
가: 어제 왜 늦게 잤어요?
나: _____ 늦게 잤어요.

4)
가: 왜 옷을 교환했어요?
나: _____ 교환했어요.

5)
가: 왜 일찍 일어났어요?
나: _____ 일찍 일어났어요.

3. 아래 단어를 사용해서 문장을 만들어 보세요.
Use the following words to create a sentence.

| 친구 | 날씨 | 돈 | 시험 | 아르바이트 |

| 걱정되다 | 힘들다 | 짜증이 나다 | 화나다 | 긴장되다 |

1) 저는 친구 때문에 화가 나요. 친구가 약속을 잊어버렸어요.
2) _____.
3) _____.
4) _____.
5) _____.

4. 대화를 만들어 보세요.
Create a dialogue.

1) 가: 오늘 왜 기분이 안 좋아요?
   나: 룸메이트 때문에 기분이 안 좋아요. 룸메이트가 청소를 안 해요.

2) 가: 요즘 왜 바빠요?
   나: _____.

3) 가: 왜 화가 났어요?
   나: _____.

4) 가: 뭐 때문에 울었어요?
   나: _____.

5) 가: 요즘 뭐 때문에 스트레스를 받아요?
   나: _____.

문법과 표현 ❷ 동 형 -겠-

1. 문장을 만들어 보세요.
Create a sentence.

1) 눈 / 오다 ➡ 눈이 오겠어요.
2) 길 / 막히다 ➡ _____.
3) 구두 / 잘 어울리다 ➡ _____.
4) 피자 / 맛있다 ➡ _____.
5) 가방 / 무겁다 ➡ _____.
6) 기분 / 나쁘다 ➡ _____.

2. 그림을 보고 문장을 완성해 보세요.
Look at the picture and complete the sentence.

1)  내일 날씨가 춥겠어요.

2)  떡볶이가 _____.

3)  이 옷이 동생에게 잘 _____.

4)  반지가 _____.

5)  오늘도 비가 _____.

3. 그림을 보고 대화를 완성해 보세요.
Look at the picture and complete the dialogue.

1)
가: 내일 회사 면접이 있어요.
나: 긴장되겠어요   .

2)
가: 저 이번에 장학금을 받아요.
나: 축하해요. 정말   .

3)
가: 할머니가 아프셔서 병원에 입원하셨어요.
나: 아이고,   .

4)
가: 친구가 준 선물을 잃어버렸어요.
나: .

5)
가: 지난주에 친구와 놀이공원에 갔다 왔어요.
나: 와,   .

4. 그림을 보고 친구와 이야기해 보세요.
Look at the picture and talk with your partner.

어제 치킨 한 마리를 혼자 다 먹었어요.

정말요? 배불렀겠어요.

 배부르다 to be full

어휘 Vocabulary

1. 알맞은 것을 연결해 보세요.
Match the picture with the appropriate expression.

1)  • • ① 사이가 멀다

2)  • • ② 사이가 가깝다

3)  • • ③ 사이가 나쁘다

2. 그림을 보고 알맞은 것을 골라서 문장을 완성해 보세요.
Look at the picture and select the appropriate word to complete the sentence.

> 거짓말하다   싸우다   부탁하다   거절하다   (사귀다)   헤어지다

1)
① 남자 친구를 사귀었어요 .

2)
① 남자 친구가 _____ .

3)
① 친구가 _____ .

↓   ↓   ↓

② 남자 친구하고 _____ .

② 남자 친구하고 _____ .

② 친구 부탁을 _____ .

3. 그림을 보고 알맞은 것을 골라서 대화를 완성해 보세요.
Look at the picture and select the appropriate expression to complete the dialogue.

> 사이가 좋다   거짓말하다   싸우다   거절하다   (사귀다)   헤어지다

1)
가: 하이 씨, 새해 소원이 뭐예요?
나: 올해는 여자 친구를 <u>사귀었으면</u> 좋겠어요.

2)
가: 오늘 제니 씨 기분이 안 좋은 것 같아요.
나: 네. 룸메이트하고 _____ (으)ㄴ 것 같아요.

3)
가: 두 사람은 정말 _____ 아/어 보이네요.
나: 네. 저하고 제일 친한 친구예요.

4)
가: 민우 씨, 기분이 안 좋아 보여요.
나: 네. 여자 친구하고 _____ 았어요/었어요.

5)
가: 친구가 저한테 부탁을 했는데 _____ 고 싶어요. 어떻게 하면 좋을까요?
나: 솔직히 이야기하면 친구도 이해할 거예요.

6)
가: 너 또 초콜릿 먹었지?
나: 안 먹었어요.
가: _____ 지 마. 얼굴에 초콜릿 묻었어.

새해 New Year   소원 wish   솔직히 honestly   묻다 to be smeared with

문법과 표현 3 동형-(으)ㄹ 때

1. 빈칸에 알맞게 쓰세요.
Fill in the blanks.

	-(으)ㄹ 때	-았을/었을 때		-(으)ㄹ 때	-았을/었을 때
먹다	먹을 때	먹었을 때	좋다		
가다			슬프다		
공부하다			춥다		
듣다			멀다		
만들다			다르다		
짓다			그렇다		

2. 그림을 보고 문장을 완성해 보세요.
Look at the picture and complete the sentence.

1)  저는 지하철에 사람이 <u>많을 때</u> 스트레스를 받아요.

2)  저는 혼자 밥 _____ 외로워요.

3)  저는 _____ 가족이 보고 싶어요.

4)  저는 말하기 시험을 _____ 긴장돼요.

5)  저는 가구를 _____ 즐거워요.

3. 대화를 만들어 보세요.
Create a dialogue.

1) 가: 언제 슬펐어요?
   나: 할아버지가 돌아가셨을 때 슬펐어요.

2) 가: 언제 기뻤어요?
   나: _____.

3) 가: 언제 답답했어요?
   나: _____.

4) 가: 언제 화가 났어요?
   나: _____.

5) 가: 언제 즐거웠어요?
   나: _____.

6) 가: 언제 창피했어요?
   나: _____.

4. 알맞은 것을 고르세요.
Circle the appropriate expression to complete the sentence.

1) 집에 ((갈 때) / 갔을 때) 커피를 샀어요.

2) 감기에 (걸릴 때 / 걸렸을 때) 병원에 갔어요.

3) 한국에 처음 (올 때 / 왔을 때) 눈이 내리고 있었어요.

4) 밥을 (먹을 때 / 먹었을 때) 전화가 와서 다 못 먹었어요.

5) 지갑을 (잃어버릴 때 / 잃어버렸을 때) 친구가 찾아 줬어요.

문법과 표현 4 형-아지다/어지다

1. 빈칸에 알맞게 쓰세요.
Fill in the blanks.

	-아지다/어지다		-아지다/어지다
작다	작아지다	크다	
좋다		덥다	
싸다		멀다	
없다		다르다	
따뜻하다		까맣다	

2. 그림을 보고 문장을 완성해 보세요.
Look at the picture and complete the sentence.

1) 옷이 작아졌어요 .

2) 휴대폰이   .

3) 동생이   .

4) 날씨가   .

5) 머리 색깔이   .

3. 그림을 보고 대화를 완성해 보세요.
Look at the picture and complete the dialogue.

1)
가: 학교 근처가 많이 변했네요.
나: 네. 예전보다 가게하고 식당이 <u>많아졌어요</u>.

2)
가: 저 두 사람 싸웠어요? 요즘 서로 말을 안 하네요.
나: 네. 거짓말 때문에 두 사람 사이가 _____.

3)
가: 뭘 찾고 있어?
나: 내 카메라가 _____. 책상 위에 있었는데….

4)
가: 한국 생활이 어때요? 많이 힘들어요?
나: 전에는 힘들었지만 이제 _____.
친구들도 많이 생겼어요.

5)
가: 친구에게 사과했어?
나: 응. 사과했어.
지금은 전보다 사이가 더 _____.

6)
가: 오늘 날씨가 어때요?
나: 어제보다 _____.

7)
가: 여러분 고향은 옛날하고 지금이 뭐가 달라졌어요?
나: _____.

변하다 to change   예전 old days

14

인생 Life

14-1 대학교에 입학하게 됐어요

14-2 고마운 사람을 만난 적이 있습니다

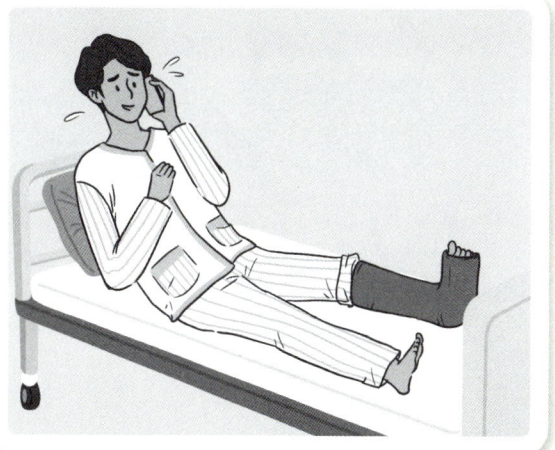

14-1	어휘	인생
	문법과 표현	동-게 되다
		동-(으)ㄴ 덕분에
14-2	어휘	사고
	문법과 표현	형-게
		동-(으)ㄴ 적이 있다/없다

어휘 Vocabulary

1. 알맞은 것을 연결해 보세요.
Match the picture with the appropriate expression.

1)  • • ① 죽다

2)  • • ② 은퇴하다

3)  • • ③ 졸업하다

4)  • • ④ 태어나다

5)  • • ⑤ 아기를 낳다

6)  • • ⑥ 사랑에 빠지다

7)  • • ⑦ 아이를 키우다

2. 그림을 보고 알맞은 것을 골라서 대화를 완성해 보세요.
Look at the picture and select the appropriate expression to complete the dialogue.

> 태어나다   졸업하다   (결혼하다)   아기를 낳다   아이를 키우다   승진하다   은퇴하다

1)
가: 기분이 좋아 보이네요. 무슨 일 있어요?
나: 네. 남자 친구하고 내년에 __결혼하기로__ 했어요.

2)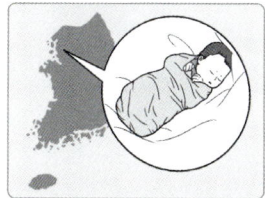
가: 고향이 어디예요?
나: 저는 서울에서 _____ 았어요/었어요.
그런데 부산에서 오래 살아서 부산이 고향 같아요.

3)
가: 아버지는 무슨 일을 하세요?
나: 방송국에서 일하셨는데 작년에 _____ 았어요/었어요.

4)
가: 왜 아기 옷을 샀어요?
나: 친구가 _____ 아서/어서 선물로 주려고 샀어요.

5)
가: 이번에 _____ (으)ㄴ 것을 축하드립니다.
나: 네. 감사합니다.

6)
가: 대학교를 _____ 기 전에 하고 싶은 일이 있어요?
나: 네. 유럽으로 배낭여행을 가고 싶어요.

7)
가: 요즘은 회사에 안 다녀요?
나: 네. _____ (으)려고 1년 동안 쉬고 있어요.

방송국 broadcasting company   유럽 Europe

문법과 표현 1 동-게 되다

1. 문장을 만들어 보세요.
Create a sentence.

1) 매운 음식을 잘 먹다 → 매운 음식을 잘 먹게 됐어요.

2) 그 사람을 사랑하다 → _____.

3) 작년부터 한국에 살다 → _____.

4) 학교에 도서관을 짓다 → _____.

5) 아파서 파티에 못 가다 → _____.

2. 그림을 보고 문장을 완성해 보세요.
Look at the picture and complete the sentence.

1)     교복을   입게 됐어요   .

2)     청소를 자주 _____.

3)     친구들을 많이 _____.

4)     케이크를 잘 _____.

5)     눈이 나빠져서 안경을 _____.

교복 school uniform

3. 그림을 보고 대화를 완성해 보세요.
Look at the picture and complete the dialogue.

1)
가: 왜 한국에 왔어요?
나: 한국 가수를 좋아해서 한국에 <u>오게 됐어요</u>.

2)
가: 제니 씨와 나나 씨는 언제 처음 만났어요?
나: 기숙사에 와서 _____.

3)
가: 고향에서도 한국어를 배웠어요?
나: 아니요. 한국에 와서 _____.

4)
가: 내년에 남자 친구하고 _____.
나: 와, 축하해요. 결혼식에 꼭 초대해 주세요.

5)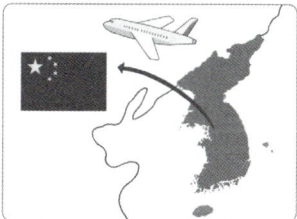
가: 다음 달에 고향에 _____.
나: 갑자기 왜요? 무슨 일 있어요?

4. 한국에 온 후에 뭐가 달라졌어요? 친구와 이야기해 보세요.
What things have changed after you came to Korea? Talk with your partner.

한국에 와서 뭐가 달라졌어요?

한국에 와서 버스나 지하철을 자주 타게 됐어요.

문법과 표현 ② 동-(으)ㄴ 덕분에

1. 빈칸에 알맞게 쓰세요.
Fill in the blanks.

	-(으)ㄴ 덕분에		-(으)ㄴ 덕분에
먹다	먹은 덕분에	공부하다	
읽다		듣다	
가다		만들다	
쓰다		짓다	

2. 알맞은 것을 연결하고 문장을 만들어 보세요.
Match the expressions that go together and create a new sentence.

1) 비가 오다 • • 건강해졌어요
2) 길이 안 막히다 • • 학교에 일찍 도착했어요
3) 친구가 김밥을 많이 만들다 • • 공기가 맑아졌어요
4) 날마다 운동하다 • • 모두 맛있게 먹었어요
5) 책을 많이 읽다 • • 단어를 많이 알아요

1) 비가 온 덕분에 공기가 맑아졌어요.
2) _____.
3) _____.
4) 마리는 _____.
5) 다니엘은 _____.

3. 그림을 보고 대화를 완성해 보세요.
Look at the picture and complete the dialogue.

1)

가: 엥흐 씨가 <u>도와준 덕분에</u> 이사를 잘 할 수 있었어요.

나: 아니에요. 다음에도 도움이 필요하면 이야기하세요.

2)

가: 콘서트 잘 봤어요? 어땠어요?

나: 재미있었어요. 닛쿤 씨가 _____ 좋은 자리에서 볼 수 있었어요.

3)

가: 우리 집 찾는 게 어렵지 않았어요?

나: 아니요. 안나 씨가 _____ 빨리 찾았어요.

4)

가: 제 친구 어땠어요?

나: 민우 씨가 _____ 좋은 친구를 만나게 됐어요. 고마워요.

5)

가: 테오 씨, 한국어를 정말 잘하네요.

나: 선생님이 잘 _____ 발음이 좋아졌어요. 감사합니다.

4. 고마운 사람이 있어요? 친구와 이야기해 보세요.
Who are you grateful to? Talk with your partner.

아야나 씨 덕분에 한국어 공부가 재미있어졌어요.

전에 배가 아팠을 때 친구가 도와준 덕분에 병원에 갈 수 있었어요.

친구 　 선생님 　 부모님 　 ?

도움 help

어휘 Vocabulary

1. 알맞은 것을 연결해 보세요.
Match the picture with the appropriate word.

1)  • ① 놓치다

2)  • ② 부딪히다

3)  • ③ 미끄러지다

4)  • ④ 떨어뜨리다

5)  • ⑤ 잃어버리다

2. 그림을 보고 알맞은 것을 골라서 문장을 완성해 보세요.
Look at the picture and select the appropriate expression to complete the sentence.

> 불이 나다   사고가 나다   고장이 나다

1)
컴퓨터가 _____.

2)
사거리에서 _____.

3)
집에 _____.

3. 그림을 보고 알맞은 것을 골라서 대화를 완성해 보세요.
Look at the picture and select the appropriate word to complete the dialogue.

> 부딪히다   넘어지다   미끄러지다   (잃어버리다)   놓치다   떨어뜨리다

1)
가: 나나, 무슨 일 있었어? 계속 전화를 안 받아서 걱정했어.
나: 휴대폰을 <u>잃어버렸는데</u> 아까 지하철 분실물 센터에서 찾았어.

2)
가: 여보, 왜 집에 돌아왔어요? 출장 안 갔어요?
나: 길이 막혀서 비행기를 _____ 았어요/었어요.
   내일 비행기로 가야 해요.

3)
가: 하이 씨, 이마가 왜 그래요?
나: 나무에 _____ 아서/어서 다쳤어요.

4)
가: 학생, 지갑을 _____ 았어요/었어요.
나: 감사합니다, 아주머니.

5)
가: 괜찮아요? 반창고 있는데 줄까요?
나: 네. 고마워요. 조금 전에 길에서
   _____ 았어요/었어요.

6)
가: 바지가 젖었네요. 무슨 일 있었어요?
나: 네. 아까 길에서 _____ 았어요/었어요.

분실물 센터 Lost & Found Center   **여보** (appellation between spouse) honey   **출장** business trip   **나무** tree
젖다 to get wet

문법과 표현 3 [형]-게

1. 문장을 만들어 보세요.
Create a sentence.

1) 음식 / 맛있다 / 만들다 → 음식을 맛있게 만들었어요.
2) 머리 / 짧다 / 자르다 → _____.
3) 비행기표 / 싸다 / 사다 → _____.
4) 노래 / 크다 / 부르다 → _____.
5) 발표 / 쉽다 / 준비하다 → _____.
6) 공연 / 재미있다 / 보다 → _____.

2. 알맞은 것을 골라서 문장을 완성해 보세요.
Select the appropriate word to complete the sentence.

> 늦다   크다   맛있다   즐겁다   건강하다   (깨끗하다)

1) 부모님이 오시기 전에 방을 <u>깨끗하게</u> 청소했어요.
2) 제가 만든 김밥이에요. _____ 드세요.
3) 사고가 _____ 나서 길이 많이 막혀요.
4) 아침에 _____ 일어나서 학교에 지각했어요.
5) 시험이 끝나면 노래방에 가서 친구들과 _____ 놀 거예요.
6) 오랫동안 _____ 살려면 술과 담배를 끊으세요.

지각하다 to be late   끊다 to quit

3. 그림을 보고 대화를 완성해 보세요.
Look at the picture and complete the dialogue.

1) 가: 어떻게 잘라 드릴까요?
   나: <u>짧게</u> 잘라 주세요.

2) 가: 오랜만이에요. 잘 지냈어요?
   나: 요즘 일이 많아서 좀 _____ 지냈어요.

3) 가: 선생님, 잘 안 보이는데 더 _____ 써 주세요.
   나: 네. 알겠어요.

4) 가: 와, 이 가방 정말 예쁘네요. 많이 비싸지 않아요?
   나: 세일 기간이라서 _____ 샀어요.

5) 가: 학교 다녀오겠습니다.
   나: 오늘 날씨가 아주 추우니까 _____ 입고 가.

6) 가: 요즘 한국에서 어떻게 지내요?
   나: _____.

4. 알맞은 것을 골라서 문장을 완성해 보세요.
Select the appropriate word to complete the sentence.

> 많이   빨리   멀리   (천천히)   열심히

1) 이 길에는 어린이가 많아요. <u>천천히</u> 운전하세요.
2) 어제 너무 _____ 걸어서 다리가 아파요.
3) 저는 _____ 공부해서 한국어를 잘하고 싶어요.
4) 저는 _____ 사는 가족이 보고 싶을 때마다 편지를 써요.
5) 지금은 길이 막히니까 _____ 가려면 지하철을 타야 돼요.

어린이 child(ren)

문법과 표현 ④ 동-(으)ㄴ 적이 있다/없다

1. 빈칸에 알맞게 쓰세요.
Fill in the blanks.

	-(으)ㄴ 적이 있다		-(으)ㄴ 적이 있다
먹다	먹은 적이 있다	돕다	
읽다		듣다	
가다		만들다	
일하다		살다	
쓰다		짓다	

2. 그림을 보고 문장을 완성해 보세요.
Look at the picture and complete the sentence.

1)
이 책을 읽은 적이 있어요   .

2)
겨울에 눈길에서   .

3)
집에   .

4)
그 가수의 노래를   .

5)
크리스마스카드를   .

눈길 snowy road

3. **그림을 보고 대화를 완성해 보세요.**
   Look at the picture and complete the dialogue.

   1)
   가: 삼겹살을 먹어 봤어요?
   나: 네. 삼겹살을 먹어 본 적이 있어요.

   2)
   가: 한옥에서 자 봤어요?
   나: 아니요. 한옥에서 _____.

   3)
   가: 떡볶이를 만들어 봤어요?
   나: 네. 친구 집에 갔을 때 _____.

   4)
   가: 무슨 외국어를 배워 봤어요?
   나: _____.

   5)
   가: 한국에서 어디에 가 봤어요?
   나: _____.

4. **기억에 남는 일이 있어요? 친구와 이야기해 보세요.**
   Is there a memorable event in your life? Talk with your partner.

   저는 비행기를 놓친 적이 있어요. 여러분도 비행기를 놓친 적이 있어요?

   아니요. 저는 비행기를 놓친 적이 없어요.

14-2. 고마운 사람을 만난 적이 있습니다

15

집 House

- **15-1** 방이 넓어서 살기 좋아요
- **15-2** 벽에 가족사진이 걸려 있습니다

15-1	어휘	부동산 ①
	문법과 표현	동-기 형
		명밖에

15-2	어휘	부동산 ②
	문법과 표현	동-아/어 있다
		동형-기 때문에, 명(이)기 때문에

어휘 Vocabulary

1. 알맞은 것을 연결해 보세요.
Match the picture with the appropriate sentence.

1)  • • ① 전망이 좋다

2)  • • ② 새로 지었다

3)  • • ③ 시설이 좋다

4) 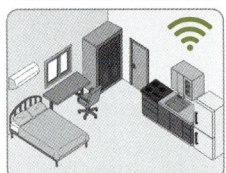 • • ④ 주변이 조용하다

5)  • • ⑤ 햇빛이 잘 들어오다

2. 그림을 보고 알맞은 것을 골라서 문장을 완성해 보세요.
Look at the picture and select the appropriate word to complete the sentence.

┌───┐
│ 관리비   가스 요금   수도 요금   전기 요금 │
└───┘

1)
우리 집은 월세는 싼데 _____이/가 좀 비싸요.

2)
이번 달에 에어컨을 많이 사용해서 _____이/가 많이 나왔어요.

3)
집에서 요리를 안 해서 _____이/가 거의 안 나와요.

4)
_____이/가 너무 많이 나온 것 같아요. 집주인 아저씨께 전화해서 물어보려고 해요.

3. 그림을 보고 알맞은 것을 골라서 대화를 완성해 보세요.
Look at the picture and select the appropriate expression to complete the dialogue.

> 월세가 비싸다   오래되다   시설이 좋다   주변이 조용하다
> 햇빛이 잘 들어오다   집주인이 좋다   전망이 좋다

1)

가: 손님, 이 집이 마음에 드세요?

나: 방이 넓어서 마음에 들지만 월세가 비싸네요 .

2)

가: 어떤 집을 찾으세요?

나: 저는 시끄러우면 공부를 잘 못해요.
　　_____ 았으면/었으면 좋겠어요.

3)

가: 집이 참 밝은 것 같아요.

나: 네. _____ 아서/어서 좋아요.

4)

가: 와, 엥흐 씨 집은 정말 _____ 네요.

나: 네. 한강이 보여서 이 집으로 이사왔어요.

5)

가: _____ 는/(으)ㄴ 원룸이 있을까요?

나: 그럼요. 이 집은 에어컨, 냉장고, 침대, 책상이 모두 있어요. 한번 보시겠어요?

6)

가: 이사할 집은 찾았어요?

나: 괜찮은 집이 하나 있는데 조금 _____ 아서/어서 고민이에요.

7)

가: 집이 학교에서 멀어서 힘들지요?

나: 네. 조금 힘들지만 _____ 아서/어서 계속 이 집에 살고 싶어요.

문법과 표현 1 동-기 형

1. 문장을 완성해 보세요.
Complete the sentence.

1) 읽다 / 어렵다 → 그 책은 <u>읽기 어려워요</u>.
2) 입다 / 불편하다 → 이 옷은 _____.
3) 살다 / 좋다 → 이 집은 _____.
4) 만들다 / 쉽다 → 이 음식은 _____.
5) 등산하다 / 힘들다 → 그 산은 _____.
6) 사용하다 / 편하다 → 이 휴대폰은 _____.

2. 그림을 보고 알맞은 것을 골라서 문장을 완성해 보세요.
Look at the picture and select the appropriate word to complete the sentence.

걷다   보다   (앉다)   읽다   찾다

1) 이 의자는 높아서 <u>앉기</u> 불편해요.

2) 이 구두는 굽이 낮아서 _____ 편해요.

3) 이 책은 모르는 단어가 많아서 _____ 어려워요.

4) 그 식당은 지하철역 앞에 있어서 _____ 쉬워요.

5) 이 휴대폰은 너무 작아서 영화를 _____ 힘들어요.

3. 그림을 보고 친구와 이야기해 보세요.

Look at the picture and talk with your partner.

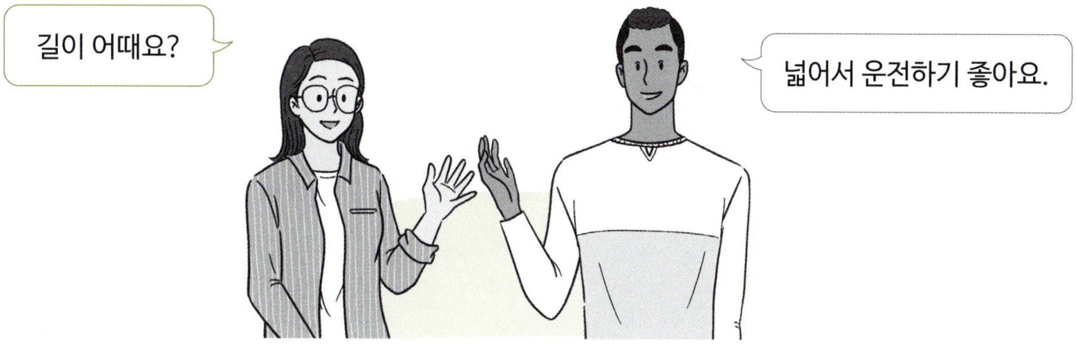

길이 어때요?
넓어서 운전하기 좋아요.

1) 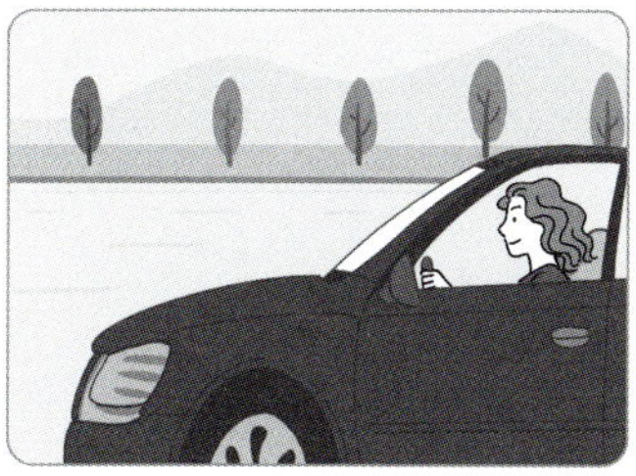

2) 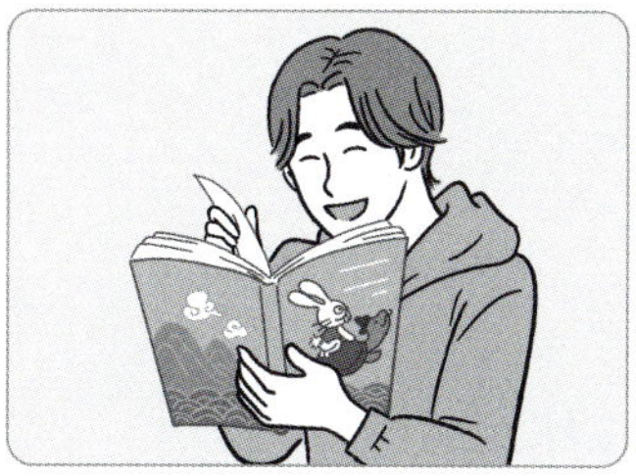

3) 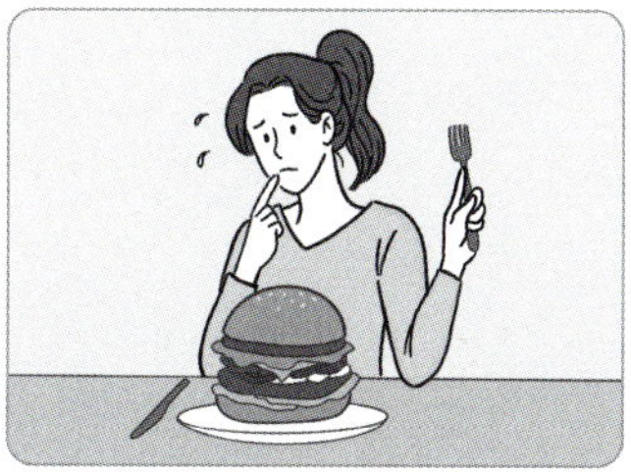

4) 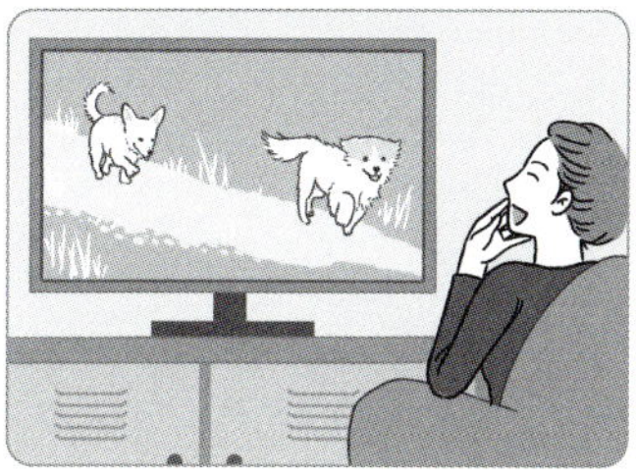

5) 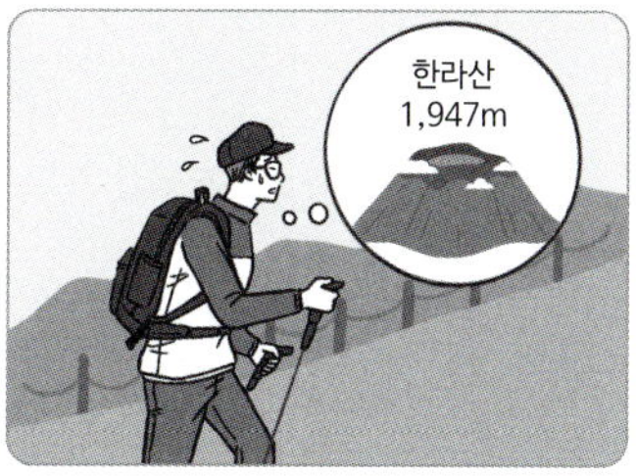

한라산
1,947m

6) 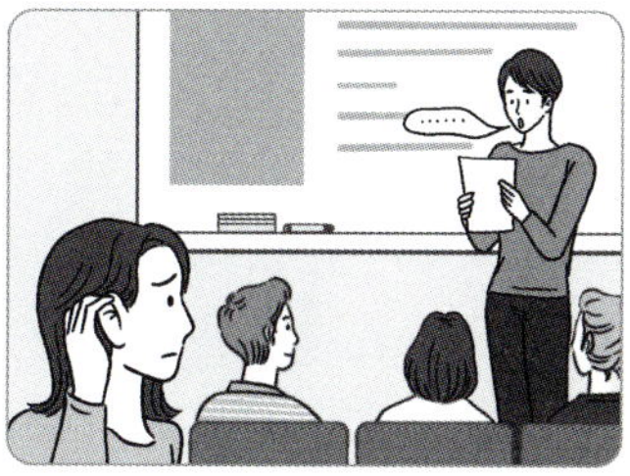

길	책	햄버거	텔레비전	한라산	발표

4. 여러분이 사는 집은 뭐가 좋아요? 뭐가 안 좋아요? 친구와 이야기해 보세요.

What are the pros and cons about the house you're living in? Talk with your partner.

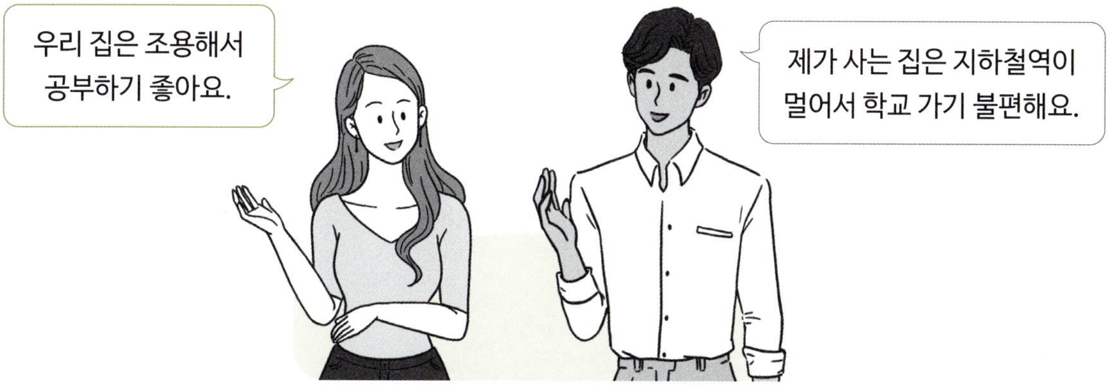

우리 집은 조용해서 공부하기 좋아요.
제가 사는 집은 지하철역이 멀어서 학교 가기 불편해요.

문법과 표현 2 명밖에

1. 문장을 만들어 보세요.
Create a sentence.

1) 물 / 안 마시다 → 물밖에 안 마셔요.
2) 얼굴 / 모르다 →   .
3) 조금 / 없다 →   .
4) 김밥 / 못 만들다 →   .
5) 한국어 / 할 줄 모르다 →   .

2. 그림을 보고 문장을 완성해 보세요.
Look at the picture and complete the sentence.

1)  저는 지금 돈이 별로 없어요.
지갑에 　만 원밖에　 없어요.

2)  저는 저 사람을 잘 몰라요.
저 사람의   몰라요.

3)  저는 술을 잘 못 마셔요.
맥주   못 마셔요.

4)  저는 운동을 잘 못해요.
                        못 타요.

5)  저는 할 줄 아는 요리가 별로 없어요.
                        만들 줄 몰라요.

 맥주 beer

3. 그림을 보고 대화를 완성해 보세요.
Look at the picture and complete the dialogue.

1)

가: 주스도 샀어요?
나: 아니요. <u>우유밖에 안 샀어요</u>.

2)

가: 아침 먹었어요?
나: 아니요. 시간이 없어서 _____ 았어요/었어요.

3)

가: 집에 밥 있어?
나: 아니. _____ 는데/(으)ㄴ데 라면 끓여 줄까?

4)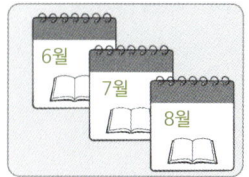

가: 하이 씨는 책을 많이 읽어요?
나: 아니요. 시간이 없어서 한 달에 _____ 아요/어요.

5)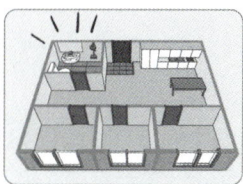

가: 에릭 씨는 친구들하고 같이 살아서 좋겠어요.
나: 네. 그런데 집에 화장실이 _____ 아서/어서 조금 불편해요.

4. 친구와 이야기해 보세요.
Talk with your partner.

한국 친구가 많이 있어요?

아니요. 저는 한국 친구가 한 명밖에 없어요.

네. 저는 한국 친구가 다섯 명 있어요.

- 한국 친구가 많이 있어요?
- 집에 방이 많아요?
- 수업 끝나고 오랫동안 한국어를 공부해요?
- 집에서 학교까지 시간이 얼마나 걸려요?

어휘 Vocabulary

1. 알맞은 것을 연결해 보세요.
Match the picture with the appropriate word.

1) 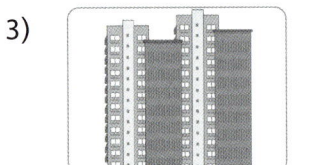 • ① 빌라

2) • ② 원룸

3)  • ③ 주택

4) • ④ 아파트

5)  • ⑤ 오피스텔

2. 그림을 보고 빈칸에 알맞은 것을 골라서 쓰세요.
Look at the picture and select the appropriate word to fill in the blank.

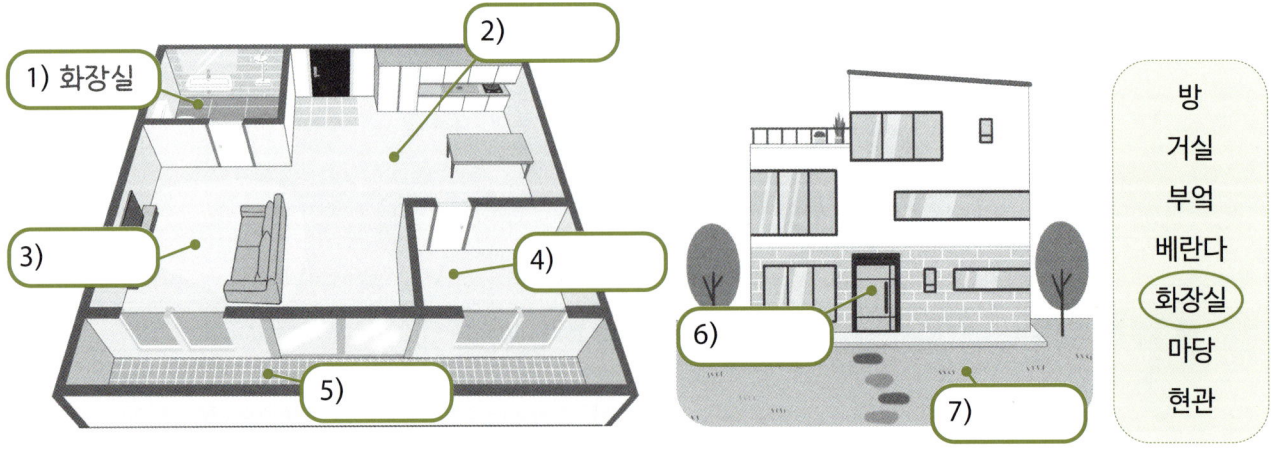

1) 화장실
2)
3)
4)
5)
6)
7)

방
거실
부엌
베란다
화장실
마당
현관

3. 그림을 보고 알맞은 것을 골라서 대화를 완성해 보세요.
Look at the picture and select the appropriate word to complete the dialogue.

> 기숙사   아파트   주택   거실   현관   마당

1)
   가: 지금 살고 있는 집이 어때요?
   나: 저는 지금 ___기숙사___ 에 사는데 학교 안에 있어서 편해요. 다른 학생들도 사귈 수 있어서 좋고요.

2)
   가: 어떤 집에 살고 싶어요?
   나: 조용한 시골에 있는 예쁜 _____ 에 살아 보고 싶어요.

3)
   가: 유진 씨, 피곤해 보여요.
   나: 우리 집이 _____ 13층인데 오늘 엘리베이터가 고장 나서 계단으로 다녔어요. 정말 힘드네요.

4)
   가: 집에서 강아지를 키우세요?
   나: 네. 강아지 때문에 이번에 _____ 이/가 있는 집으로 이사했어요.

5)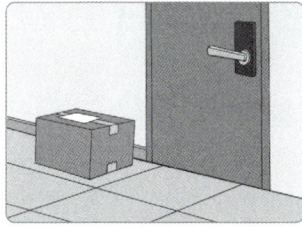
   가: 여보세요? 서울택배인데요. 집에 계세요?
   나: 죄송합니다. 지금 집에 없어요. 택배는 _____ 앞에 놓아 주세요.

6)
   가: 안나 씨는 지금 어디에 있어요?
   나: _____ 에서 책을 읽고 있어요.

계단 stairs

문법과 표현 ❸ 동-아/어 있다

1. 빈칸에 알맞게 쓰세요.
Fill in the blanks.

	-아/어 있다		-아/어 있다
앉다	앉아 있어요	걸리다	
서다		달리다	
눕다		놓이다	
열리다		붙다	
닫히다		들다	

2. 그림을 보고 문장을 완성해 보세요.
Look at the picture and complete the sentence.

1)
학생들이 교실에 <u>앉아 있어요</u>.

2)
창문이 _____.

3)
시계가 벽에 _____.

4)
아기가 침대에 _____.

5)
곰 인형이 가방에 _____.

6)
휴대폰이 책상 위에 _____.

서다 to stand 눕다 to lie down 열리다 to be opened 닫히다 to be closed 걸리다 to be hung
달리다 to be dangled 놓이다 to be placed 붙다 to be attached 곰 bear

3. 그림을 보고 대화를 완성해 보세요.
Look at the picture and complete the dialogue.

1)
가: 상자 안에 뭐가 있어요?
나: 책이 <u>들어 있어요</u>.

2)
가: 누가 다니엘 씨예요?
나: 저기 게시판 앞에 _____는 사람이 다니엘 씨예요.

3)
가: 어떤 가방을 보여 드릴까요?
나: 저기 _____는 노란색 가방 좀 보여 주세요.

4)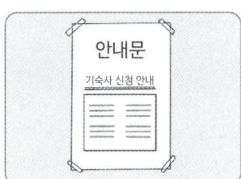
가: 기숙사를 신청하려면 어떻게 해야 돼요?
나: 저기 안내문이 _____(으)니까 한번 읽어 보세요.

5)
가: 유진아, 소금 좀 갖다줄래?
나: 네. 소금이 어디에 있어요?
가: 저기 식탁 위에 _____아/어.

4. 그림을 보고 방에 대해서 친구와 이야기해 보세요.
Look at the picture and talk with your partner about the room.

방에 창문이 있는데 창문이 열려 있어요.

게시판 bulletin board   식탁 table

문법과 표현 4 : 동형-기 때문에, 명(이)기 때문에

1. 문장을 만들어 보세요.
Create a sentence.

1) 시설이 좋다 / 월세가 비싸다 → 시설이 좋기 때문에 월세가 비쌉니다.
2) 공원 옆에 살다 / 산책하기 좋다 → _____.
3) 비가 오다 / 등산을 못 하다 → _____.
4) 일을 다 끝냈다 / 좀 쉬려고 하다 → _____.
5) 휴일이다 / 영화관에 사람이 많다 → _____.
6) 요리사이다 / 요리를 잘하다 → _____.

2. 알맞은 것을 연결하고 문장을 만들어 보세요.
Match the expressions that go together and create a new sentence.

1) 눈이 오다 • • 친구가 많다
2) 성격이 좋다 • • 선물을 샀다
3) 공부를 열심히 했다 • • 운전하기 좋다
4) 길이 복잡하지 않다 • • 방값이 싸다
5) 어머니 생신이다 • • 길이 막히다
6) 기숙사이다 • • 시험을 잘 볼 수 있었다

1) 눈이 오기 때문에 길이 막힙니다.
2) _____.
3) _____.
4) _____.
5) _____.
6) _____.

휴일 holiday

3. 그림을 보고 대화를 완성해 보세요.
Look at the picture and complete the dialogue.

1) 가: 이따가 영화 보러 갈까요?
   나: 주말에는 <u>사람이 많기 때문에</u> 표가 없을 거예요.

2) 가: 피곤한데 택시 타고 갈까요?
   나: 이 시간에는 _____ 요금이 많이 나올 거예요. 그냥 지하철로 가요.

3) 가: 아이에게 입학 선물로 줄 건데 노트북 좀 추천해 주세요.
   나: 이거 어떠세요? _____ 학생들이 좋아해요.

4) 가: 지금 들어갈 수 있어요?
   나: 아니요. _____ 들어갈 수 없습니다.

5) 가: 나나 씨, 주말에 노래방에 갈래요?
   나: 미안해요. 다음 주가 _____ 열심히 공부해야 돼요.

4. 대화를 만들어 보세요.
Create a dialogue.

1) 가: 왜 한국어를 공부합니까?
   나: _____.

2) 가: 고향에 가고 싶습니까? 왜 가고 싶습니까?
   나: _____.

3) 가: 방학에 무엇을 하고 싶습니까? 왜 그것을 하고 싶습니까?
   나: _____.

4) 가: 고향집에서 가장 마음에 드는 곳이 어디입니까? 왜 그곳이 마음에 듭니까?
   나: _____.

복습 5

어휘 Vocabulary

✎ 아는 단어에 ✔ 하세요.

13단원

기쁘다 ☐	답답하다 ☐	창피하다 ☐
신나다 ☐	속상하다 ☐	긴장되다 ☐
즐겁다 ☐	화나다 ☐	걱정되다 ☐
외롭다 ☐	짜증이 나다 ☐	

사이가 가깝다/멀다 ☐	싸우다 ☐	사귀다 ☐
사이가 좋다/나쁘다 ☐	부탁하다 ☐	헤어지다 ☐
거짓말하다 ☐	거절하다 ☐	

14단원

인생 ☐	결혼하다 ☐	승진하다 ☐
태어나다 ☐	아기를 낳다 ☐	은퇴하다 ☐
사랑에 빠지다 ☐	아이를 키우다 ☐	죽다 ☐
졸업하다 ☐		

부딪히다 ☐	잃어버리다 ☐	불이 나다 ☐
넘어지다 ☐	놓치다 ☐	사고가 나다 ☐
미끄러지다 ☐	떨어뜨리다 ☐	고장이 나다 ☐

15단원

방이 넓다 ☐	집주인이 좋다 ☐	관리비 ☐
월세가 싸다 ☐	전망이 좋다 ☐	전기 요금 ☐
시설이 좋다 ☐	새로 지었다 ☐	가스 요금 ☐
주변이 조용하다 ☐	오래되다 ☐	수도 요금 ☐
햇빛이 잘 들어오다 ☐		

기숙사 ☐	빌라 ☐	거실 ☐
아파트 ☐	원룸 ☐	베란다 ☐
주택 ☐	오피스텔 ☐	현관 ☐
		마당 ☐

[1~2] 밑줄 친 것과 의미가 같은 것을 고르세요.

1.
   가: 어디에 갔다 왔어요?
   나: 친구 아버지가 돌아가셔서 장례식장에 다녀왔어요.

   ① 죽어서　　② 태어나서　　③ 은퇴해서　　④ 승진해서

2.
   가: 이 사람은 소날 씨 동생이에요?
   나: 아니요. 저하고 제일 친한 친구예요.

   ① 사귀는　　② 싸우는　　③ 사이가 나쁜　　④ 사이가 가까운

[3~4] 밑줄 친 것과 의미가 반대되는 것을 고르세요.

3.
   가: 이 집은 큰길 옆에 있어서 밤에 시끄러울 것 같아요.
   나: 아니에요. 차가 많이 다니지 않아서 (　　　).

   ① 조용해요　　② 복잡해요　　③ 깨끗해요　　④ 전망이 좋아요

4.
   가: 방금 택시에서 지갑을 잃어버렸어요.
   나: 120에 전화해 보세요. (　　　) 수 있을 거예요.

   ① 놓칠　　② 버릴　　③ 찾을　　④ 구할

[5~7] (　) 에 들어갈 가장 알맞은 것을 고르세요.

5.
   가: 내일 회사 면접이 있어서 (　　　).
   나: 너무 걱정하지 마세요. 잘할 수 있을 거예요.

   ① 속상해요　　② 외로워요　　③ 즐거워요　　④ 긴장돼요

6.
   가: 왜 데이트 신청을 (　　　)?
   나: 저는 남자 친구를 사귈 시간이 없어요.

   ① 부탁했어요　　② 거절했어요　　③ 등록했어요　　④ 지원했어요

7.
   가: 눈길에서 (　　　) 다리를 다쳤어요.
   나: 아이고, 많이 아프겠어요.

   ① 부딪혀서　　② 미끄러져서　　③ 떨어뜨려서　　④ 고장이 나서

데이트 date

문법과 표현
Grammar & Expression

13단원

몡 때문에	감기 때문에 학교에 못 갔어요.
동형 -겠-	주말에 놀이공원에 갈 거예요. - 재미있겠어요.
동형 -(으)ㄹ 때	공부할 때 조용한 음악을 들어요. 그 노래를 처음 들었을 때부터 좋아했어요.
형 -아지다/어지다	커피값이 작년보다 비싸졌어요.

14단원

동 -게 되다	한국에 와서 매운 음식을 잘 먹게 됐어요.
동 -(으)ㄴ 덕분에	에릭 씨가 도와준 덕분에 이사를 잘 했습니다.
형 -게	머리를 짧게 잘라 주세요.
동 -(으)ㄴ 적이 있다/없다	다리를 다친 적이 있어요.

15단원

동 -기 형	이 구두는 굽이 높아서 걷기 불편해요.
몡 밖에	우리 집에서 학교까지 5분밖에 안 걸려요.
동 -아/어 있다	시계가 벽에 걸려 있어요.
동형 -기 때문에 몡 (이)기 때문에	제 동생은 키가 크기 때문에 긴 코트가 잘 어울립니다. 외국 사람이기 때문에 한국어를 모릅니다.

복습 5

[1~2] ( )에 들어갈 가장 알맞은 것을 고르세요.

1.
> 가: 크리스 씨를 언제 처음 만났어요?
> 나: 한국에 온 후에 ( ).

① 알까 해요　　② 알게 됐어요　　③ 알기로 했어요　　④ 알았으면 좋겠어요

2.
> 가: 이 집에는 에어컨이 없나요?
> 나: 저쪽 벽에 ( ).

① 걸어 봤어요　　② 걸려 있어요　　③ 걸고 있어요　　④ 건 적이 있어요

[3~6] 밑줄 친 부분을 맞게 고쳐 보세요.

3. 한국어를 잘해졌어요. ➡ _____
4. 냉장고에 물밖에 있어요. ➡ _____
5. 눈이기 때문에 차가 막혀요. ➡ _____
6. 모자가 책상 위에 놓아 있어요. ➡ _____

[7~10] 알맞은 것을 골라 대화를 만들어 보세요.

> -겠-　　-아지다/어지다　　-게 되다　　-(으)ㄴ 적이 있다/없다　　-(으)ㄹ 때

7. 가: 이번 주말에 친구들하고 등산하기로 했어요.
　　나: _____.

8. 가: 언제 기분이 좋아요?
　　나: _____.

9. 가: 부산에 가 봤어요?
　　나: _____.

10. 가: 요즘 날씨가 어때요?
　　나: _____.

듣기 Listening

[1~2] 다음 대화를 듣고 알맞은 그림을 고르세요.

1. ①  ②
   ③  ④

2. ①  ②
   ③  ④

[3~6] 다음을 듣고 이어지는 말을 고르세요.

3. ① 창피하겠어요.　　　　　　　　　② 걱정되겠어요.
　　③ 긴장되겠어요.　　　　　　　　　④ 짜증이 나겠어요.

4. ① 콘서트에 한번 가 보고 싶어요.　　② 그 노래를 들어 본 적이 없어요.
　　③ 텔레비전에서 처음 봤을 때부터요.　④ 저도 그 가수 덕분에 콘서트에 가게 됐어요.

5. ① 어떤 일이 있었는데?　　　　　　② 그럼. 실수 많이 했어.
　　③ 힘든 일이 있을 때 전화해.　　　　④ 한국에서 생활하기 어렵지 않아.

6. ① 네. 전보다 많이 편해졌어요.　　　② 다음 달에 고향에 돌아가게 됐어요.
　　③ 네. 처음 왔을 때보다 살기 힘들어요.④ 아니요. 한국에서 계속 살았으면 좋겠어요.

[7~8] 다음은 무엇에 대해 말하고 있습니까? 알맞은 것을 고르세요.

7. ① 시설　　　② 전망　　　③ 방값　　　④ 여행

8. ① 감정　　　② 건강　　　③ 인생　　　④ 변화

[9~11] 다음을 듣고 들은 내용과 같은 것을 고르세요.

9. ① 남자는 배가 고파서 짜증이 났습니다.
　　② 남자는 여자에게 라면을 끓여 줬습니다.
　　③ 남자는 집에 돌아올 때 라면을 사 왔습니다.
　　④ 남자는 스트레스 때문에 매운 음식을 먹고 싶어 합니다.

10. ① 여자는 가스를 신청하려고 전화했습니다.
　　② 여자는 지난달에 가스 요금을 조금 냈습니다.
　　③ 여자는 두 달 동안 사용한 가스 요금을 내야 합니다.
　　④ 여자는 지난달 가스 요금이 얼마인지 잊어버렸습니다.

　　팬클럽 fan club　　뜨겁다 to be hot　　깜박 forgetfully

11. ① 아이들이 자전거를 자주 타야 합니다.
    ② 자전거 길에서 사고가 난 적이 있습니다.
    ③ 동네에 자전거 길이 생겨서 안전해졌습니다.
    ④ 전에는 동네에서 자전거를 탈 수 없었습니다.

[12~13] 다음을 듣고 물음에 답하세요.

12. 여자는 왜 기분이 좋습니까?
    ① 아기가 여자를 닮아서
    ② 동생이 아기를 낳아서
    ③ 다음 주에 휴가를 내서
    ④ 부모님을 만나기로 해서

13. 들은 내용과 같은 것을 고르세요.
    ① 여자는 동생과 닮지 않았습니다.
    ② 여자는 아기의 사진을 찍었습니다.
    ③ 여자는 아기를 만난 적이 있습니다.
    ④ 여자는 다음 주에 동생에게 갈 것입니다.

[14~15] 다음을 듣고 물음에 답하세요.

14. 남자는 은퇴 후에 무엇을 할 것입니까?
    ① 남자는 딸과 여행을 할 것입니다.
    ② 남자는 학생들을 도와줄 것입니다.
    ③ 남자는 딸의 아이를 돌볼 것입니다.
    ④ 남자는 아내에게 영어를 가르칠 것입니다.

15. 들은 내용과 같은 것을 고르세요.
    ① 남자는 40년 동안 영어를 가르쳤습니다.
    ② 남자는 고등학교 때부터 동생들을 가르쳤습니다.
    ③ 남자는 대학생 때 학생들을 가르친 적이 있습니다.
    ④ 남자는 처음 가르친 학생들을 다시 만나 보고 싶어 합니다.

안전하다 to be safe

읽기 Reading

[1~3] 다음을 읽고 <u>맞지 않는</u> 것을 고르세요.

1.

셰어하우스

저희는 서울대학교에 다니는 여학생입니다.
같이 살 사람을 구합니다.
여학생만 연락 부탁드립니다.

- 방 3, 부엌, 화장실 2
- 방값: 30만 원 (인터넷 포함)
- 침대, 에어컨, 냉장고, 세탁기 있음
- 지하철역, 걸어서 5분 거리
- 근처에 병원, 시장, 공원 있음

문의: 010-0880-5488

① 남학생은 신청할 수 없습니다.
② 인터넷을 사용하려면 돈을 더 내야 합니다.
③ 시장이 근처에 있어서 장을 보기 편합니다.
④ 집에서 지하철역까지 5분밖에 안 걸립니다.

2.

해외여행을 떠날 때는 "여행자 보험"
공항에서 편하게 가입하시고 안전하게 다녀오세요!

- 해외여행을 하는 여행자에게 최대 90일 동안 제공
- 사고가 나서 다쳤을 때 최대 2천만 원,
  휴대폰이 고장이 났을 때 최대 20만 원,
  여권을 잃어버렸을 때 6만 원

① 공항에서 보험에 가입할 수 있습니다.
② 이 보험은 외국으로 여행을 가는 사람에게 필요합니다.
③ 보험에 가입하면 집에서 공항까지 안전하게 갈 수 있습니다.
④ 보험에 가입한 사람이 여권을 잃어버리면 돈을 받을 수 있습니다.

 여행자 traveler   제공 offer

3.

하이

안녕하세요. 원룸 광고 보고 연락드렸는데요.

네. 궁금한 게 있으신가요?

서울부동산

사진에 에어컨이 안 보이는데 에어컨이 있는 거 맞지요?

네. 에어컨은 안쪽 벽에 걸려 있습니다.

베란다도 있나요?

네. 베란다도 있고 집이 남향이기 때문에 하루 종일 햇빛이 잘 들어옵니다.

① 이 집은 남향이라서 밝습니다.
② 이 집은 베란다가 있는 원룸입니다.
③ 에어컨이 방 안쪽에 놓여 있습니다.
④ 하이는 이 집에 가 본 적이 없습니다.

[4~5] 다음을 읽고 순서가 알맞은 것을 고르세요.

4.
(가) 학교 근처에 이 집처럼 좋은 집이 있었으면 좋겠습니다.
(나) 그런데 학교에서 너무 멀기 때문에 교통비가 많이 듭니다.
(다) 지금 사는 집은 월세도 싸고 주변이 조용해서 살기 좋습니다.
(라) 그래서 다음 달에 계약이 끝나면 학교 근처로 이사를 가려고 합니다.

① (가) - (나) - (라) - (다)　　② (가) - (다) - (라) - (나)
③ (다) - (가) - (라) - (나)　　④ (다) - (나) - (라) - (가)

5.
(가) 지갑을 찾을 수 있어서 정말 다행이었습니다.
(나) 다시 도서관에 갔는데 그 자리에 지갑이 있었습니다.
(다) 어제 버스를 타려고 하다가 지갑이 없는 것을 알게 됐습니다.
(라) 도서관 계단에서 넘어졌을 때 지갑을 떨어뜨린 것 같았습니다.

① (가) - (다) - (라) - (나)　　② (다) - (나) - (가) - (라)
③ (다) - (라) - (나) - (가)　　④ (라) - (나) - (가) - (다)

안쪽 inside　　교통비 transportation expense　　계약 contract

[6~7] 다음을 읽고 중심 생각을 고르세요.

6.
> 제가 지금 사는 집을 소개할게요. 우리 집은 새로 지은 빌라인데 시설이 아주 좋아요. 수영장도 있고 테니스장도 있어서 운동하기 좋아요. 마당에는 꽃이 아름답게 피어 있고 나무들도 아주 많아요. 주변이 조용해서 편안하게 쉴 수 있어요.

① 저는 수영과 테니스를 좋아합니다. ② 저는 지금 사는 집이 마음에 듭니다.
③ 저는 조용한 동네에서 살고 싶습니다. ④ 제 취미는 꽃과 나무를 키우는 것입니다.

7.
> 지난주에 친한 친구와 싸웠습니다. 제가 회사 일 때문에 약속을 잊어버렸는데 친구가 너무 크게 화를 내서 저도 모르게 짜증을 냈습니다. 생각을 해 봤는데 제가 잘못한 것 같아서 친구에게 문자를 보냈습니다. 그 문자를 보고 친구가 저에게 연락을 해 줬으면 좋겠습니다.

① 저는 친구에게 연락을 했습니다. ② 저는 바빠서 약속을 잊어버렸습니다.
③ 저는 회사 일 때문에 친구와 싸웠습니다. ④ 저는 친구와 다시 친하게 지내고 싶습니다.

[8~9] 다음을 읽고 ( )에 들어갈 알맞은 말을 고르세요.

8.
> 집 앞에서 동네 아이들이 노는 것을 보고 어렸을 때 친구가 생각났습니다. 제가 초등학교에 입학했을 때 내성적인 성격 때문에 (   ). 그런데 한 친구가 먼저 저에게 와서 친구가 되어 주었습니다. 그 친구 덕분에 학교에 가는 것이 즐거워졌습니다. 지금 그 친구는 어디에서 뭘 하고 있을까요? 그 친구가 보고 싶습니다.

① 친구가 많아졌습니다 ② 친구를 사귀기 쉬웠습니다
③ 그 친구를 만나게 됐습니다 ④ 친구를 잘 사귀지 못했습니다

 짜증을 내다 to act irritated   잘못하다 to do something wrong

9.

친구들이 집들이 선물로 꽃 화분을 사 줬습니다. 저는 화분을 침대 옆에 놓고 일주일에 한 번씩 물을 주면서 소중하게 키웠습니다. 그런데 한 달쯤 후부터 꽃이 힘이 없고 금방 죽을 것 같아 보였습니다. ( ) 그런 것 같았습니다. 그래서 창문 앞으로 화분을 옮겼습니다. 꽃이 햇빛을 잘 받아서 다시 건강해졌습니다.

① 물을 너무 많이 줘서
② 창문이 너무 가까워서
③ 햇빛이 잘 안 들어와서
④ 한 달 동안 힘이 없어서

[10~11] 다음을 읽고 물음에 답하세요.

저는 6개월 전에 한국에 왔습니다. 지금은 한국에서 혼자 살고 있습니다. (㉠) 전에는 혼자 살아 본 적이 없었기 때문에 처음에는 재미있었습니다. (㉡) 게임하다가 밤늦게 자고 아침에도 늦잠을 잘 수 있어서 좋았습니다. (㉢) 하지만 지난주에 감기 때문에 아팠을 때는 너무 외롭고 힘들었습니다. (㉣) 감기는 나았지만 이제 혼자 사는 것을 전처럼 좋아하지는 않게 됐습니다. 빨리 방학이 되어서 고향에 갔으면 좋겠습니다.

10. 다음 문장이 들어갈 곳을 고르세요.

그리고 엄마가 만들어 주신 음식들이 너무 먹고 싶었습니다.

① ㉠   ② ㉡   ③ ㉢   ④ ㉣

11. 이 글의 내용과 같은 것을 고르세요.

① 이 사람은 전에 혼자 살아 봤습니다.
② 이 사람은 가족과 함께 한국에 삽니다.
③ 이 사람은 감기에 걸린 적이 있습니다.
④ 이 사람은 혼자 사는 것을 아주 좋아합니다.

[12~13] 다음을 읽고 물음에 답하세요.

학생 여러분, 졸업을 축하합니다. 졸업식은 이번 주 금요일 오전 10시부터 12시까지 체육관에서 합니다. 졸업식에 참석할 때 졸업 가운을 입으셔야 합니다. 졸업 가운은 졸업식 시작 30분 전까지 9동 1층에서 빌릴 수 있습니다. 깨끗하게 입고 돌려주시기 바랍니다. 졸업식에 참석하지 않는 학생은 졸업식이 끝난 후에 사무실에서 졸업장을 받을 수 있습니다. 그럼 금요일에 뵙겠습니다.

* 졸업식 날은 학교 주변이 많이 복잡하기 때문에 대중교통을 이용하는 것이 좋습니다.

12. 왜 이 글을 썼습니까?

    ① 졸업을 축하하려고
    ② 졸업식을 소개하려고
    ③ 졸업 가운을 신청하려고
    ④ 졸업식에 대해 안내하려고

13. 이 글의 내용과 **같지 않은** 것을 고르세요.

    ① 졸업식에 버스나 지하철을 타고 오는 것이 좋습니다.
    ② 졸업 가운을 빌리려면 아홉 시 반까지 9동에 가야 합니다.
    ③ 졸업식에 참석하려면 금요일 열 시까지 체육관으로 가야 합니다.
    ④ 졸업식에 참석한 학생은 사무실에서 졸업장을 받을 수 있습니다.

[14~15] **다음을 읽고 물음에 답하세요.**

> 저는 지금 학교 기숙사에 살고 있습니다. 처음 한국에 왔을 때 원룸을 구해서 살았는데 요리하는 것도 힘들고 혼자 사는 것이 외로워서 기숙사를 신청하게 되었습니다. 기숙사는 6명이 같이 사는데 방 3개, 거실, 화장실, 그리고 베란다가 있습니다. 시설은 좋지만 방이 좁습니다. 그리고 화장실이 하나밖에 없어서 아침에 화장실을 사용하기 힘듭니다. 그래서 수업에 늦지 않으려면 일찍 일어나야 합니다. 하지만 주말마다 룸메이트들과 같이 음식을 시켜 먹거나 게임을 하는 것이 정말 재미있어서 저는 기숙사에서 사는 것이 좋습니다.

14. 기숙사에 **없는** 것을 고르세요.

    ① 거실   ② 부엌   ③ 화장실   ④ 베란다

15. 이 글의 내용과 같은 것을 고르세요.

    ① 이 사람은 혼자 사는 것을 좋아합니다.
    ② 이 사람의 방은 넓어서 지내기 편합니다.
    ③ 이 사람은 주말마다 친구들과 요리해서 먹습니다.
    ④ 이 사람은 아침에 화장실을 사용하려고 일찍 일어납니다.

화분 flower pot 금방 soon 옮기다 to move 졸업식 graduation ceremony 체육관 gymnasium
참석하다 to attend 가운 gown 돌려주다 to return 졸업장 diploma 대중교통 public transportation

쓰기 Writing

✎ **질문을 잘 읽고 200~300자로 글을 쓰세요.**

> 지금 살고 있는 집을 어떻게 구했습니까? 집이 어떻습니까?
> 집의 장단점은 무엇입니까?

 글을 다 썼어요?
다시 한번 읽어 보세요.

말하기 Speaking

1. 문법을 사용해서 친구와 이야기해 보세요.

명 때문에
1) 비행기가 왜 늦게 출발하나요?
2) 왜 파티에 못 올 것 같아요?

동 형 -겠-
3) 저 오늘 놀이공원에 가기로 했어요.
4) 어제 친한 친구와 싸웠어요.

동 형 -(으)ㄹ 때
5) 언제 짜증이 나요?
6) 뭘 하면 스트레스가 풀려요?

형 -아지다/어지다
7) 2급 공부가 어려워요?
8) 요즘 한국 생활이 어때요?

동 -게 되다
9) 한국에 와서 뭐가 달라졌어요?
10) 작년하고 올해가 뭐가 달라요?

동 -(으)ㄴ 덕분에
11) 고마운 사람이 있어요? 왜 고마워요?
12) 가족에게 감사한 것이 있어요?

형 -게
13) 머리를 어떻게 잘라 드릴까요?
14) 우리 반에서 누가 친구들을 잘 도와줘요?

동 -(으)ㄴ 적이 있다/없다
15) 한복을 입어 봤어요?
16) 제주도에 가 봤어요?

동 -기 형
17) 지금 살고 있는 집이 어때요?
18) 지금 사용하는 휴대폰은 뭐가 좋아요?

명밖에
19) 시험공부 많이 했어요?
20) 만 원만 빌려주세요.

동 -아/어 있다
21) 시계가 어디에 있어요?
22) 제 가방이 어디에 있는지 알아요?

동 형 -기 때문에, 명 (이)기 때문에
23) 왜 한국어를 배우기로 했습니까?
24) 학교에 왜 학생들이 없습니까?

2. 그림을 보고 이야기를 만들어 보세요.

- ☐ 명 때문에
- ☐ 동 형 -겠-
- ☐ 동 형 -(으)ㄹ 때
- ☐ 형 -아지다/어지다
- ☐ 동 -(으)ㄴ 덕분에
- ☐ 동 -게 되다
- ☐ 형 -게
- ☐ 동 -(으)ㄴ 적이 있다/없다
- ☐ 동 -기 형
- ☐ 명 밖에
- ☐ 동 -아/어 있다
- ☐ 동 형 -기 때문에, 명 (이)기 때문에

발음 Pronunciation

13단원

받침 'ㄴ, ㅁ'으로 끝나는 동사, 형용사 뒤에 오는 'ㄱ, ㄷ, ㅅ, ㅈ'은 [ㄲ, ㄸ, ㅆ, ㅉ]로 발음합니다.

이 자리에 **앉지** 마세요.
　　　　　[안찌]

어머니의 성격을 **닮고** 싶어요.
　　　　　　　　[담꼬]

🎧 잘 듣고 따라 해 보세요.

❶ 이 구두는 **신기** 불편해요.

❷ 밤에 머리를 **감고** 잤어요.

14단원

받침소리 [ㄱ, ㄷ, ㅂ]은 뒤에 오는 'ㅎ'과 합쳐져서 [ㅋ, ㅌ, ㅍ]로 발음합니다.

입학을 **축하합니다**.
[이팍]　　[추카함니다]

꽃하고 선물을 샀어요.
[꼬타고]

🎧 잘 듣고 따라 해 보세요.

❶ 휴대폰이 고장 나서 **답답하겠어요**.

❷ 청소를 해서 집이 **깨끗해졌어요**.

15단원

받침 'ㄴ'은 대부분의 경우 'ㄹ' 앞에서 [ㄹ]로 발음합니다.

우리집은 교통이 **편리해요**.
　　　　　　　　[펼리해요]

생각해 보고 나서 **연락** 주세요.
　　　　　　　　[열락]

🎧 잘 듣고 따라 해 보세요.

❶ **한라산**은 한국에서 제일 높은 산이에요.

❷ 지하철이 생겨서 교통이 **편리해졌어요**.

🎧 잘 듣고 따라 해 보세요.

❶ 가: 졸업하고 나서 고향에 돌아갈 거예요.
　 나: 우리 자주 연락하고 지내요.

❷ 가: 안나 씨는 아버지와 성격이 닮았어요?
　 나: 아니요. 닮지 않았어요. 저는 성격이 급하지만 아버지는 느긋하세요.

16

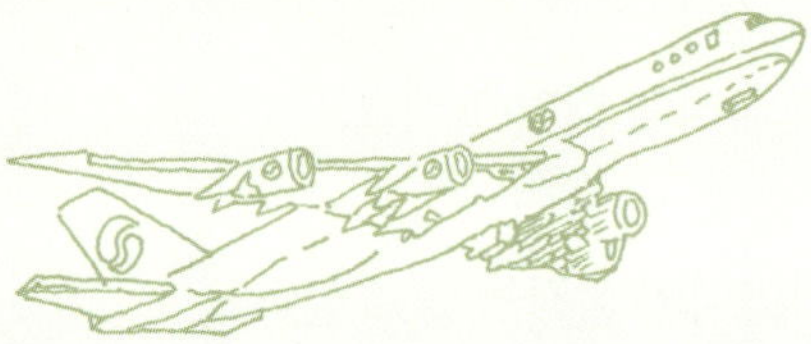

예절 Etiquette

16-1 반말을 해도 돼요?

16-2 공연 중에 사진을 찍으면 안 됩니다

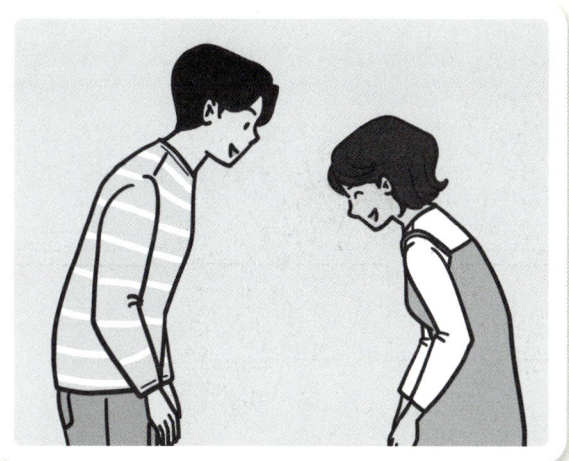

16-1	어휘	일상 예절
	문법과 표현	동-는데, 형-(으)ㄴ데 2
		동-아도/어도 되다
16-2	어휘	공공 예절
	문법과 표현	동-는 중이다, 명 중이다
		동-(으)면 안 되다

어휘 Vocabulary

1. 알맞은 것을 연결해 보세요.
Match the picture with the appropriate sentence.

1)

2)

3)

4)

5)

6)

7)

① 반말을 하다

② 높임말을 하다

③ 두 손으로 드리다

④ 다리를 꼬고 앉다

⑤ 고개를 돌리고 마시다

⑥ 고개를 숙여서 인사하다

⑦ 손을 흔들면서 인사하다

2. 그림을 보고 알맞은 것을 골라서 문장을 완성해 보세요.
Look at the picture and select the appropriate expression to complete the sentence.

높임말을 하다   한 손으로 받다   손을 흔들면서 인사하다
고개를 숙여서 인사하다   이름을 부르다   다리를 꼬고 앉다   (고개를 돌리고 마시다)

---

1)  어른들과 술을 마실 때는 <u>고개를 돌리고 마셔야</u> 돼요.

2) 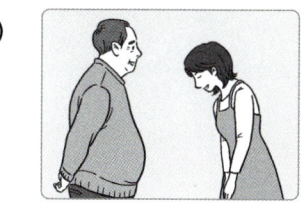 수업 시작할 때마다 선생님이 _____ (으)세요.

3)  어른들께 인사할 때 _____ 아야/어야 돼요.

4)  선생님이 물건을 주시면 _____ 지 마세요.

5)  할머니 앞에서 _____ 지 마세요.

6)  친구들을 만나면 _____ 아요/어요.

7) 처음 만난 사람에게는 _____ 아야/어야 돼요.

어른 elder

문법과 표현 1 동-는데, 형-(으)ㄴ데 2

1. 문장을 만들어 보세요.
Create a sentence.

1) 소고기를 먹다 / 돼지고기를 안 먹다 → 소고기는 먹는데 돼지고기는 안 먹어요.
2) 옷을 팔다 / 모자를 안 팔다 → _____.
3) 거실이 넓다 / 방이 좁다 → _____.
4) 배가 비싸다 / 사과가 싸다 → _____.
5) 소설책이 어렵다 / 만화책이 쉽다 → _____.
6) 언니가 있다 / 오빠가 없다 → _____.

2. 그림을 보고 대화를 완성해 보세요.
Look at the picture and complete the dialogue.

1)
가: 크리스 씨의 부모님도 키가 크세요?
나: 아니요. 저는 __큰데__ 부모님은 작으세요.

2)
가: 에릭 씨, 농구를 잘해요?
나: 아니요. 축구는 _____ 농구는 잘 못 해요.

3)
가: 집에서 지하철역이 가까워요?
나: 아니요. 버스 정류장은 _____ 지하철역은 멀어요.

4)
가: 우리 토마토 주스 살까요?
나: 미안해요. 저는 토마토는 _____ 토마토 주스는 안 마셔요.

5)
가: 게임을 좋아해요?
나: 아니요. 어렸을 때는 _____ 지금은 안 좋아해요

 돼지고기 pork   만화책 comic book   토마토 tomato

3. 대화를 완성해 보세요.
Complete the dialogue.

1) 가: 김치찌개 좋아해요?
   나: 아니요. 저는 김치는 좋아하는데 김치찌개는 안 좋아해요.

2) 가: 서울의 지하철이 편리하지요?
   나: 네. _____ 출퇴근 시간에 사람이 너무 많아요.

3) 가: 떡볶이가 맵지 않아요? 괜찮아요?
   나: 괜찮아요. 조금 _____ 맛있어요.

4) 가: 저 배우 이름 알아?
   나: 아니. 얼굴은 _____ 이름은 몰라.

5) 가: 이 영화 봤어?
   나: 응. _____ 내용이 생각 안 나.

6) 가: 은행에 갔어요?
   나: 네. _____ 사람이 너무 많아서 그냥 왔어요.

4. 한국과 고향은 무엇이 달라요? 친구와 이야기해 보세요.
What are the differences between Korea and your hometown? Talk with your partner.

- 한국어에는 높임말이 있는데 우리 나라 말에는 없어요.
- 한국은 수박이 비싼데 우리 고향은 안 비싸요.

| 언어 | 음식 | 사람 |
| 계절 | 교통 | ? |

언어 language

문법과 표현 2 동-아도/어도 되다

1. 빈칸에 알맞게 쓰세요.
Fill in the blanks.

	-아도/어도 되다		-아도/어도 되다
앉다	앉아도 되다	쓰다	
보다		돕다	
먹다		듣다	
마시다		부르다	
사용하다		젓다	

2. 그림을 보고 대화를 완성해 보세요.
Look at the picture and complete the dialogue.

1) 가: 여기에 <u>앉아도 돼요</u>?
   나: 네. 앉으세요.

2) 가: 엄마, 아이스크림 _____?
   나: 밥 먹고 나서 먹는 게 어때?

3) 가: 언니, 이 모자 내일 내가 _____?
   나: 응. 써.

4) 가: 제가 이 강아지 이름을 _____?
   나: 그래. 예쁘게 지어 봐.

5) 가: 저기요. 이 구두를 한번 _____?
   나: 네. 손님. 신어 보세요.

3. **대화를 완성해 보세요.**
   Complete the dialogue.

   1) 가: 면접 때 꼭 치마를 입어야 돼요?
      나: 아니요. 바지를 입어도 돼요   .

   2) 가: 한국에서는 선배와 술을 마실 때 고개를 돌리고 마셔야 하지요?
      나: 응. 그런데 나하고 마실 때는 편하게   .

   3) 가: 선생님, 발표 원고를 오늘까지 써야 돼요?
      나: 아니요. 모레까지   .

   4) 가: 엄마, 이거 다 먹어야 돼요?
      나: 아니. 배부르면   .

   5) 가: 주말에 이 식당에 오려면 예약해야 돼요?
      나: 아니요.   .

4. **친구의 집에 놀러 갔어요. 그림을 보고 친구와 이야기해 보세요.**
   You went to visit a friend's house. Look at the picture and talk with your partner.

어휘 Vocabulary

1. 알맞은 것을 연결해 보세요.
Match the picture with the appropriate expression.

1)  • • ① 뛰다

2)  • • ② 줄을 서다

3)  • • ③ 발을 올리다

4)  • • ④ 문에 기대다

5)  • • ⑤ 자리를 양보하다

2. 그림을 보고 알맞은 것을 골라서 쓰세요.
Look at the picture and select the appropriate expression to fill in the blank.

> 금연   주차 금지   출입 금지   사진 촬영 금지   휴대폰 사용 금지   음식물 반입 금지

1)

2)

3)

4)

5)

6)

3. 그림을 보고 알맞은 것을 골라서 대화를 완성해 보세요.
Look at the picture and select the appropriate expression to complete the dialogue.

> 줄을 서다   자리를 양보하다   뛰다   (발을 올리다)   문에 기대다

1)
가: 의자에 <u>발을 올리지</u> 마세요.
나: 네. 알겠습니다.

2)
가: 비행기 안에서 _____ (으)면 위험해요.
나: 아, 네. 알겠습니다. 죄송합니다.

3)
가: 위험하니까 _____ 지 마세요.
나: 네. 알겠습니다.

4)
가: 우리가 _____ 아/어 드리자.
나: 그래. 그러자.

5)
가: 버스를 타려면 어떻게 해야 돼?
나: 저기에서 _____ 아야/어야 돼.
　　벌써 사람이 많으니까 빨리 가자.

문법과 표현 ③ 동-는 중이다, 명 중이다

1. 문장을 만들어 보세요.
Create a sentence.

1) 책을 읽다 ➡ 책을 읽는 중이에요.
2) 노래를 듣다 ➡ _____.
3) 자다 ➡ _____.
4) 일하다 ➡ _____.
5) 회의하다 ➡ _____.
6) 저녁을 만들다 ➡ _____.

2. 그림을 보고 문장을 완성해 보세요.
Look at the picture and complete the sentence.

1) 마리는 음악을 듣는 중이에요.
2) 아야나는 _____.
3) 크리스와 나나는 _____.
4) 닛쿤은 _____.
5) 하이는 _____.
6) 선생님은 _____.

3. 그림을 보고 알맞은 것을 골라서 대화를 완성해 보세요.
Look at the picture and select the appropriate expression to complete the dialogue.

> 공사 중   수업 중   회의 중   (휴가 중)

1)
가: 여보세요? 실례지만 하이 씨 계세요?
나: 하이 씨는 지금 __휴가 중이라서__ 자리에 없습니다.

2)
가: 왜 늦었어요?
나: 미안해요. __공사 중__ 이라서 길이 막혔어요.

3)
가: __회의 중__ 에는 휴대폰을 끄세요.
나: 네. 알겠습니다.

4)
가: 하이 씨가 전화를 안 받네요.
나: 지금 __수업 중__ 인 것 같아요. 문자를 보내 보세요.

4. 그림을 보고 친구와 이야기해 보세요.
Look at the picture and talk with your partner.

조금 전에 전화 못 받아서 미안해요.
요리하는 중이었어요.

네. 무슨 일이에요?

괜찮아요.
지금은 통화할 수 있어요?

문법과 표현 4 동-(으)면 안 되다

1. 빈칸에 알맞게 쓰세요.
Fill in the blanks.

	-(으)면 안 되다		-(으)면 안 되다
먹다	먹으면 안 되다	돕다	
읽다		듣다	
가다		팔다	
마시다		만들다	
게임하다		젓다	

2. 그림을 보고 문장을 완성해 보세요.
Look at the picture and complete the sentence.

1) 여기에서 사진을 찍으면 안 됩니다.

2) 여기에 _____.

3) 계단에서 _____.

4) 여기에서 _____.

5) 여기에 _____.

6) 여기에 _____.

3. 그림을 보고 대화를 완성해 보세요.
Look at the picture and complete the dialogue.

1)
가: 엄마, 게임하면 안 돼요 ?
나: 안 돼. 숙제하고 나서 해.

2)
가: 선생님, 중요한 전화인데 잠깐 전화를 ___ ?
나: 네. 빨리 받고 오세요.

3)
가: 미안한데 내가 먼저 화장실 ___ ? 좀 급해서.
나: 응. 먼저 써.

4)
가: 손님, 여권이나 외국인 등록증을 보여 주세요.
나: 학생증밖에 없는데 학생증을 ___ ?
가: 죄송하지만 학생증은 안 됩니다.

4. 다음 장소에서 뭘 하면 안 돼요? 친구와 이야기해 보세요.
What can you not do in the following location? Talk with your partner.

영화관에서 큰 소리로 이야기하면 안 돼요.

맞아요. 그리고 영화를 볼 때 사진을 찍으면 안 돼요.

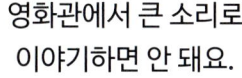

영화관   도서관   지하철   박물관

급하다 to be urgent   쓰다 to use

17

문화 Culture

17-1 콘서트를 보기 위해서 표를 사 놓았어요

17-2 추석은 한국의 큰 명절 중 하나다

	어휘	공연 문화
17-1	문법과 표현	동-기 위해(서)
		동-아/어 놓다
17-2	어휘	명절
	문법과 표현	동-는다/ㄴ다, 형-다, 명(이)다

어휘 Vocabulary

1. 알맞은 것을 연결해 보세요.
Match the picture with the appropriate word.

1)  • ① 연극

2)  • ② 뮤지컬

3)  • ③ 콘서트

4)  • ④ 음악회

5)  • ⑤ 사물놀이

2. 알맞은 것을 골라서 문장을 완성해 보세요.
Select the appropriate word to complete the sentence.

> 콘서트   뮤지컬   연극   사물놀이   음악회

1) 저는 한국말을 아직 잘 못해서 __연극__ 을 이해하기 힘들어요.

2) _____ 은/는 네 가지 악기로 연주하는 한국의 전통 음악이에요.

3) 저는 한국 노래를 좋아해서 한국어를 배우고 있어요. 다음 주말에 좋아하는 가수의 _____ 에 갈 건데 정말 기대돼요.

4) 제 취미는 음악 감상이에요. 시간이 날 때마다 _____ 에 가서 음악을 들어요.

5) 그 _____ 은/는 노래도 좋고 배우들이 춤도 잘 춰서 좋아요. 기회가 있으면 또 보고 싶어요.

기회 opportunity

3. 관계가 있는 것을 연결해 보세요.
Match the relevant expressions.

1) 저는 운동을 안 좋아해서 배우고 싶지 않아요. • • ① 관심이 없다

2) 그 배우를 좋아하는 사람이 별로 없어요. • • ② 관심이 생기다

3) 저는 한국어를 배우면서 한국 역사도 알고 싶어졌어요. • • ③ 인기가 없다

4) 그 영화는 아이부터 어른까지 모두 좋아해요. • • ④ 인기가 많다

4. 알맞은 것을 골라서 대화를 완성해 보세요.
Select the appropriate expression to complete the dialogue.

> 관심이 없다   관심이 생기다   (인기가 없다)   인기가 많다

1) 가: 이 사람이 누구야? 멋있네.
   나: 이현수라는 뮤지컬 배우야. 아직은 <u>인기가 없어서</u> 사람들이 잘 몰라.

2) 가: 언제부터 그 배우를 좋아하게 됐어?
   나: 드라마 '첫사랑'에서 처음 봤는데 연기를 너무 잘해서 _____ 았어/었어.

3) 가: 콘서트 표 예매했어?
   나: 아니. 예매 못 했어. 그 가수는 너무 _____ 아서/어서 표를 사기가 힘들어. 속상해.

4) 가: 다음 주말에 음악회에 같이 갈래?
   나: 미안. 난 음악회에는 _____ 아/어. 다니엘한테 한번 물어봐. 좋아할 거야.

첫사랑 first love   연기하다 to act

문법과 표현 ① 동-기 위해(서)

1. 문장을 만들어 보세요.
Create a sentence.

1) 장학금을 받다 / 열심히 공부하다 → 장학금을 받기 위해서 열심히 공부합니다.
2) 한국 소설을 읽다 / 한국어를 배우다 → _____.
3) 등록금을 내다 / 아르바이트를 하다 → _____.
4) 세계 여행을 하다 / 돈을 모으다 → _____.
5) 공연을 하다 / 날마다 연습을 하다 → _____.

2. 알맞은 것을 연결하고 문장을 만들어 보세요.
Match the expressions that go together and create a new sentence.

1) 비자를 받다 • • 사진을 찍다
2) 건강해지다 • • 매일 운동하다
3) 집을 구하다 • • 기념품을 사다
4) 여권을 만들다 • • 부동산에 가다
5) 고향 친구에게 주다 • • 대사관에 가다

1) 비자를 받기 위해서 대사관에 갈 거예요.
2) _____.
3) _____.
4) _____.
5) _____.

3. **그림을 보고 대화를 완성해 보세요.**
   Look at the picture and complete the dialogue.

1)
   가: 요즘 왜 회사에 안 다녀요?
   나: 아이를 ___키우기 위해서___ 잠깐 쉬고 있어요.

2)
   가: 동호회에 가입했어요?
   나: 네. 친구를 _____ 가입했어요.

3)
   가: 왜 한국어를 공부해요?
   나: 한국 회사에 _____ 공부해요.

4)
   가: 사탕을 좋아해요? 요즘 계속 사탕을 먹네요.
   나: 아니요. 별로 좋아하지 않는데 담배를 _____
   먹고 있어요.

5)
   가: 주말에도 아르바이트를 해요?
   나: _____ 돈을 모으고 있어요.

4. **친구와 이야기해 보세요.**
   Talk with your partner.

부모님께 드리기 위해서 인삼차를 샀어요.

미래를 위해서 열심히 공부하고 있어요.

가족 　친구 　건강 　미래 　즐거운 한국 생활 　?

 미래 future

문법과 표현 2 동 -아/어 놓다

1. 빈칸에 알맞게 쓰세요.
Fill in the blanks.

	-아/어 놓다		-아/어 놓다
닫다	닫아 놓다	붙이다	
찾다		준비하다	
사다		예매하다	
만들다		쓰다	
빌리다	짓다		

2. 그림을 보고 문장을 완성해 보세요.
Look at the picture and complete the sentence.

1)  크리스마스 전에 선물을 <u>사 놓아야 해요</u>.

2)  비행기표를 사기 전에 여권을 _____.

3)  친구들이 오기 전에 _____.

4)  추석에 고향에 가려면 기차표를 _____.

5)  잊어버리지 않으려면 _____.

3. 그림을 보고 대화를 완성해 보세요.
Look at the picture and complete the dialogue.

1)

가: 차가 어디에 있어요?

나: 지하 1층 주차장에 <u>세워 놓았어요</u>.

2)

가: 시험 볼 때 휴대폰을 _____ (으)세요.

나: 네. 알겠습니다.

3)

가: 내가 김밥을 _____ 았으니까/었으니까 배고프면 먹어.

나: 응. 고마워.

4)

가: 식당 _____ 았어/었어?

나: 아, 깜빡하고 아직 안 했어. 지금 예약할게.

5)

가: 방학에 뭐 할 거예요?

나: 그동안 _____ (으)ㄴ 돈으로 여행 갈 거예요.

4. 콘서트에 가기 위해서 뭘 준비했어요? 그림을 보고 친구와 이야기해 보세요.
What did you prepare for the concert? Look at the picture and talk with your partner.

표를 사 놓았어요.

깜빡하다 to forget

어휘 Vocabulary

1. 알맞은 것을 연결해 보세요.
Match the picture with the appropriate expression.

1)    ① 성묘하다

2)    ② 윷놀이하다

3)    ③ 세배를 하다

4)    ④ 소원을 빌다

5)    ⑤ 차례를 지내다

6)    ⑥ 세뱃돈을 받다

7)    ⑦ 고향에 내려가다

2. 알맞은 것을 골라서 문장을 완성해 보세요.
Select the appropriate word to complete the sentence.

> 떡국   송편   한과   식혜

1) _____ 은/는 떡을 넣어서 끓인 음식인데 한국 사람들이 설날 아침에 먹습니다.

2) _____ 은/는 한국의 전통 과자인데 명절에 자주 먹습니다.

3) _____ 은/는 쌀로 만드는 한국의 전통 음료수인데 맛이 답니다.

4) _____ 은/는 추석에 먹는 떡인데 보통 추석 전날 가족들이 모여서 함께 만듭니다.

3. 그림을 보고 알맞은 것을 골라서 대화를 완성해 보세요.
Look at the picture and select the appropriate expression to complete the dialogue.

> 차례를 지내다   (세배를 하다)   세뱃돈을 받다   윷놀이하다   소원을 빌다

1)
가: 설날 아침에는 보통 뭐 해요?
나: 먼저 어른들께 세배를 해요 .

2)
가: 한국 사람들은 언제 _____ 아요/어요?
나: 추석하고 설날 아침에 지내요.

3)
가: 추석에 달이 크고 밝았는데 봤어요?
나: 네. 달을 보면서 _____ 았어요/었어요.

4)
가: 우리 떡국 먹고 나서 _____ (으)ㄹ래?
나: 좋아. 재미있겠다. 같이 하자.

5)
가: 우리 민주가 기분이 좋네.
나: 네. _____ 았어요/었어요.
그래서 내일 게임기 사러 갈 거예요.

쌀 rice   달 moon   게임기 game console

문법과 표현 ❸ 동-는다/ㄴ다, 형-다, 명(이)다

1. 빈칸에 알맞게 쓰세요.
Fill in the blanks.

	-는다/ㄴ다		-다
먹다	먹는다	작다	작다
읽다		많다	
가다		싸다	
마시다		중요하다	
좋아하다		예쁘다	
만들다		덥다	
살다		멀다	

	이다		다
학생	학생이다	친구	

2. 문장을 바꿔서 써 보세요.
Change the sentence accordingly.

1) 저는 방을 닦아요. ➡ 나는 방을 닦는다 .

2) 안나는 일찍 일어나요. ➡ _____ .

3) 저는 매일 일기를 써요. ➡ _____ .

4) 하이는 음악을 들어요. ➡ _____ .

5) 은행은 주말에 문을 안 열어요. ➡ _____ .

6) 마리는 노래를 잘 불러요. ➡ _____ .

7) 학교에 새 도서관을 지어요. ➡ _____ .

8) 어제 산 신발이 잘 맞아요. ➡ _____ .

9) 할머니는 피아노를 잘 치세요. ➡ _____ .

10) 저는 담배를 피우지 않아요. ➡ _____ .

3. 문장을 바꿔서 써 보세요.
Change the sentence accordingly.

1) 저는 키가 작아요. ➡ 나는 키가 작다.

2) 이 식당은 갈비가 맛있어요. ➡ _____.

3) 신분증이 필요해요. ➡ _____.

4) 제 동생은 귀여워요. ➡ _____.

5) 회사 일이 바빠요. ➡ _____.

6) 나라마다 식사 예절이 달라요. ➡ _____.

7) 사과가 빨개요. ➡ _____.

8) 삼계탕은 맵지 않아요. ➡ _____.

4. 문장을 바꿔서 써 보세요.
Change the sentence accordingly.

1) 저는 학생입니다. ➡ 나는 학생이다.

2) 여기는 미술관입니다. ➡ _____.

3) 이것은 제 지우개입니다. ➡ _____.

4) 제가 찾는 사람은 아야나입니다. ➡ _____.

5) 저는 한국 사람이 아닙니다. ➡ _____.

5. 문장을 바꿔서 써 보세요.
Change the sentence accordingly.

1) 저는 어제 영화를 봤어요. ➡ 나는 어제 영화를 봤다.

2) 감기가 다 나았어요. ➡ _____.

3) 시험이 쉬웠어요. ➡ _____.

4) 어제까지 휴가였어요. ➡ _____.

5) 우리 어머니는 선생님이셨어요. ➡ _____.

6. 문장을 바꿔서 써 보세요.
Change the sentence accordingly.

1) 세탁소에 가서 옷을 찾을 거예요. ➡ 세탁소에 가서 옷을 찾을 것이다.

2) 추석에 기차표가 없을 거예요. ➡ _____.

3) 길이 많이 막힐 거예요. ➡ _____.

4) 저는 내일 백화점에 갈 거예요. ➡ _____.

5) 방학에 피아노를 연습할 거예요. ➡ _____.

7. 문장을 바꿔서 써 보세요.
Change the sentence accordingly.

1) 금요일에는 모임에 가야 돼요. ➡ 금요일에는 모임에 가야 된다.

2) 고향 음식을 먹고 싶어요. ➡ _____.

3) 저는 젓가락질을 할 줄 알아요. ➡ _____.

4) 비행기에서는 뛰면 안 돼요. ➡ _____.

5) 친구가 많았으면 좋겠어요. ➡ _____.

6) 지금은 회의하는 중이에요. ➡ _____.

7) 소날은 오늘 기분이 좋은 것 같아요. ➡ _____.

8) 운동을 하면 건강해져요. ➡ _____.

9) 내년에 고향에 돌아가게 됐어요. ➡ _____.

10) 사물놀이 공연을 본 적이 있어요. ➡ _____.

8. 그림을 보고 일기를 완성해 보세요.
Look at the picture and complete the diary entry.

9월 27일 수요일   날씨

오늘은 날씨가 1) 좋았다. 수업이 끝난 후에 친구들과 민속촌에 2) _____.
거기에서 한복을 처음 입어 봤는데 아주 3) _____. 친구들과 사진을 찍고
사물놀이 공연도 4) _____. 정말 신나고 재미있었다.

내일부터 한국의 추석 연휴가 시작된다. 내일은 유진의 집에 가서 유진의 가족들과
함께 송편을 5) _____.

민속촌 Folk Village

18

추억과 꿈 Memories & Dreams

18-1 이번 학기가 끝나서 좋기는 하지만 아쉬워요

18-2 한국에 온 지 벌써 6개월이나 됐다

	어휘	감정 ②, 계절의 변화
18-1	문법과 표현	동형-기는 하지만
		동형-(으)ㄹ지 모르겠다
18-2	어휘	시간, 꿈
	문법과 표현	동-(으)ㄴ 지
		명(이)나 2

어휘 Vocabulary

1. 관계가 있는 것을 연결해 보세요.
Match the expression with the relevant season.

1) 꽃이 피다 •
2) 눈이 내리다 •
3) 단풍이 들다 •
4) 태풍이 오다 •
5) 얼음이 얼다 •
6) 나뭇잎이 떨어지다 •
7) 장마가 시작되다 •

• ① 봄
• ② 여름
• ③ 가을
• ④ 겨울

2. 그림을 보고 알맞은 것을 골라서 문장을 완성해 보세요.
Look at the picture and select the appropriate expression to complete the sentence.

| 그립다 아쉽다 후회가 되다 기억에 남다 |

1) 한국에서 함께 즐겁게 공부한 우리 반 친구들이 <u>그리워요</u>.

2) 이번 방학에 친구들은 여행을 가는데 같이 못 가서 _____.

3) 시험을 잘 못 봤어요. 열심히 공부하지 않은 것이 _____.

4) 한국에 와서 처음 눈을 본 것이 _____.

3. 그림을 보고 알맞은 것을 골라서 대화를 완성해 보세요.
Look at the picture and select the appropriate expression to complete the dialogue.

| 꽃이 피다 | 장마가 시작되다 | 태풍이 오다 | 단풍이 들다 |
| 나뭇잎이 떨어지다 | 얼음이 얼다 | (눈이 내리다) | |

1)
가: 와, <u>눈이 내리네요</u>.
나: 그래요? 우리 같이 눈사람 만들어요.

2)
가: 제니, 나 잠깐 편의점에 다녀올게.
나: 응. 오늘 _____ 아서/어서 길이 미끄러워. 조심해.

3)
가: _____ 는 것을 보니까 곧 겨울이 올 것 같아.
나: 그러네. 시간이 참 빠른 것 같아.

4)
가: 산에 예쁘게 _____ 았는데/었는데 우리 이번 주말에 등산 갈까?
나: 좋아. 같이 가자.

5)
가: 제주도 여행 잘 다녀왔어요?
나: 네. 그런데 _____ 아서/어서 구경을 많이 못 했어요. 아쉬워요.

6)
가: 예쁜 우산을 샀네요.
나: 네. 곧 _____ (으)ㄹ 것 같아서 하나 샀어요.

7)
가: 봄이 온 것 같아요. 날씨가 따뜻해졌어요.
나: 네. 길에 벌써 _____ 았네요/었네요. 정말 아름다워요.

눈사람 snowman   미끄럽다 to be slippery   조심하다 to be careful

문법과 표현 1 동/형 -기는 하지만

1. 문장을 완성해 보세요.
Complete the sentence.

1) 눈이 내리다 / 많이 안 내리다 → 우리 고향은 <u>눈이 내리기는 하지만 많이 안 내려요</u>.
2) 같이 살다 / 친하지 않다 → 룸메이트와 저는 _____.
3) 어렵다 / 재미있다 → 이 책은 _____.
4) 예쁘다 / 비싸다 → 이 옷은 _____.
5) 쓰다 / 건강에 좋다 → 인삼차는 _____.
6) 맵다 / 맛있다 → 이 식당의 떡볶이는 _____.

2. 그림을 보고 대화를 완성해 보세요.
Look at the picture and complete the dialogue.

1)
가: 날씨가 덥네요.
나: 네. <u>덥기는 하지만</u> 바람이 불어서 괜찮아요.

2)
가: 콘서트 표가 비싸지요?
나: 네. _____ 꼭 가고 싶어요.

3)
가: 한국 노래를 들어요?
나: 네. _____ 자주 듣지는 않아요.

4)
가: 지금도 머리가 많이 아파요?
나: 네. 아직 _____ 아까보다 괜찮아졌어요.

5)
가: 김치를 좋아해요?
나: 아니요. 가끔 _____ 별로 좋아하지는 않아요.

3. 알맞은 것을 고르세요.
Circle the appropriate expression to complete the sentence.

1) 옷이 마음에 들기는 (하겠지만 / **하지만** / 했지만) 좀 큰 것 같아요.

2) 아침을 먹기는 (하겠지만 / 하지만 / 했지만) 조금밖에 못 먹었어요.

3) 내일 날씨가 흐리기는 (하겠지만 / 하지만 / 했지만) 비는 안 올 거예요.

4) 노래하는 것을 좋아하기는 (하겠지만 / 하지만 / 했지만) 잘 못해요.

5) 어제 시험공부를 하기는 (하겠지만 / 하지만 / 했지만) 많이 못 했어요.

6) 아르바이트를 하고 싶기는 (하겠지만 / 하지만 / 했지만) 한국어 공부 때문에 시간이 없어요.

4. 대화를 만들어 보세요.
Create a dialogue.

1) 가: 한국 드라마를 봐요?
   나: 네. 보기는 하지만 시간이 없어서 자주 못 봐요.

2) 가: 한국어 할 줄 알아요?
   나: _____.

3) 가: 한국 음식이 어때요?
   나: _____.

4) 가: 지금 사는 집이 어때요?
   나: _____.

5) 가: 지금까지 한국 생활이 어땠어요?
   나: _____.

6) 가: 3급에서 계속 공부하고 싶어요?
   나: _____.

문법과 표현 2 　동형-(으)ㄹ지 모르겠다

1. 빈칸에 알맞게 쓰세요.
Fill in the blanks.

	-(으)ㄹ지 모르겠다		-(으)ㄹ지 모르겠다
먹다	먹을지 모르겠다	맛있다	
오다		싸다	
좋아하다		따뜻하다	
듣다		쉽다	
만들다		길다	
낫다		어떻다	

2. 그림을 보고 대화를 완성해 보세요.
Look at the picture and complete the dialogue.

1)

가: 내일 등산 가기로 했는데 날씨가 좋을까요?
나: 글쎄요.　날씨가 좋을지 모르겠어요　　　　　　　.

2)

가: 영화를 보려고 하는데 이 영화가 재미있을까요?
나: 글쎄요.　　　　　　　　　　　　　　　　　　　.

3)

가: 김 선생님을 만나고 싶은데 학교에 계실까요?
나: 글쎄요.　　　　　　　　　　　　　　　　　　　.

4)

가: 축구공을 사고 싶은데 마트에서 축구공을 팔까요?
나: 글쎄요.　　　　　　　　　　　　　　　　　　　.

5)

가: 일이 많은데 내일까지 끝낼 수 있을까요?
나: 글쎄요.　　　　　　　　　　　　　　　　　　　.

축구공 soccer ball

3. 그림을 보고 대화를 완성해 보세요.
Look at the picture and complete the dialogue.

1)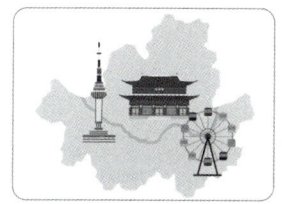
가: 부모님이 오시는데 <u>어디에 갈지 모르겠어요</u>.
나: 경복궁에 가 보세요. 좋아하실 거예요.

2)
가: 내일 파티에 가는데 _____.
나: 지난주에 산 원피스를 입으세요. 제니 씨에게 잘 어울려요.

3)
가: 일이 _____.
나: 괜찮아요. 일이 끝나면 전화하세요.

4)
가: _____.
나: 딸기 케이크가 맛있어 보여요. 그거 먹어요.

5)
가: 치킨을 _____.
나: 세 마리 시키자. 다섯 명이니까 세 마리면 충분할 거야.

4. 한국어 공부가 끝나고 하고 싶은 일이 있어요? 친구와 이야기해 보세요.
Is there something you would like to do after completing the Korean language course? Talk with your partner.

저는 대학원에 가고 싶은데 갈 수 있을지 모르겠어요.

저는 취직을 하고 싶은데 할 수 있을지 모르겠어요.

충분하다 to be enough

어휘 Vocabulary

1. 알맞은 것을 연결해 보세요.
Match the picture with the appropriate word.

1)

2)

3)

- ① 미래
- ② 과거
- ③ 현재

2. 알맞은 것을 골라서 글을 완성해 보세요.
Select the appropriate word to complete the passage.

| 과거 | 현재 | 미래 |

나는 1) _____ 에 하고 싶은 것도 없고 재미있는 것도 없는 사람이었다. 하지만 세계 여행을 하고 나서 나는 달라졌다. 여러 나라 사람들과 함께 이야기하고 그 나라의 문화를 배우는 것이 정말 행복했다.

나는 2) _____ 에 여행 작가가 되고 싶다. 여행 작가가 되기 위해서 3) _____ 외국어 공부를 하고 있다. 힘들지만 꿈을 이루기 위해서 열심히 살 것이다.

3. **알맞은 것을 골라서 대화를 완성해 보세요.**
   Select the appropriate expression to complete a dialogue.

   > 꿈을 가지다   꿈꾸다   꿈을 이루다
   > 노력하다   떨어지다   합격하다

   1) 가: 여러분이 __꿈꾸는__ 미래는 어떤 거예요?
      나: 저는 하고 싶은 일을 하면서 가족들과 행복하게 살고 싶어요.

   2) 가: 언제부터 의사가 되고 싶었어요?
      나: 부모님이 의사셔서 저도 같은 _____ 게 됐어요.

   3) 가: 어제 텔레비전에서 노래하는 닛쿤 씨를 봤어요?
      나: 네. 봤어요. 닛쿤 씨가 드디어 _____ 았네요/었네요.

   4) 가: 한국어 실력이 많이 늘었네요.
      나: 감사합니다, 선생님. 계속 _____ (으)ㄹ게요.

   5) 가: 지난주에 본 회사 면접 결과 나왔어요?
      나: 네. 그런데 _____ 았어요/었어요.
      면접 때 실수를 해서 그런 것 같아요.

   6) 가: 무슨 좋은 일 있어요? 기분이 좋아 보여요.
      나: 네. 제가 가고 싶은 대학교에 _____ 았어요/었어요.
      가: 와, 정말요? 축하해요!

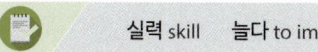
실력 skill   늘다 to improve

문법과 표현 3 동-(으)ㄴ 지

1. 빈칸에 알맞게 쓰세요.
Fill in the blanks.

	-(으)ㄴ 지		-(으)ㄴ 지
먹다	먹은 지	시작하다	
입다		듣다	
보다		살다	
사다		만들다	
쓰다		짓다	

2. 그림을 보고 대화를 완성해 보세요.
Look at the picture and complete the dialogue.

1)
가: 한국어를 배운 지 얼마나 됐어요?
나: 6개월 됐어요. 한국어 공부가 재미있어요.

2)
가: 약을 _____ 얼마나 됐어요?
나: 한 시간쯤 됐어요. 밥 먹고 나서 먹었어요.

3)
가: 안경을 _____ 얼마나 됐어요?
나: 오래됐어요. 어렸을 때부터 썼어요.

4)
가: 아기가 _____ 얼마나 됐어요?
나: 삼 주쯤 됐어요. 아주 잘 걷지요?

5)
가: 빵을 _____ 얼마나 됐어요?
나: 얼마 안 됐어요. 한번 먹어 보세요.

3. 대화를 만들어 보세요.
Create a dialogue.

1) 가: 언제 아침을 먹었어요?

   나: 아침을 먹은 지 한 시간 됐어요.

2) 가: 언제 한국에 왔어요?

   나: _____.

3) 가: 언제 이 휴대폰을 샀어요?

   나: _____.

4) 가: 언제부터 혼자 살았어요?

   나: _____.

5) 가: 얼마 동안 머리를 안 잘랐어요?

   나: _____.

6) 가: 얼마 동안 부모님을 못 만났어요?

   나: _____.

7) 가: 얼마 동안 고향 음식을 못 먹었어요?

   나: _____.

문법과 표현 4 명(이)나 2

1. 문장을 완성해 보세요.
Complete the sentence.

1) 네 권 / 읽다 → 한국어 책을 네 권이나 읽었어요 .
2) 세 잔 / 마시다 → 커피를 _____.
3) 두 마리 / 먹다 → 치킨을 _____.
4) 십 인분 / 주문하다 → 삼겹살을 _____.
5) 다섯 개 / 사다 → 모자를 _____.

2. 그림을 보고 대화를 완성해 보세요.
Look at the picture and complete the dialogue.

1)
가: 커피 마실래요?
나: 괜찮아요. 벌써 두 잔이나 마셨어요.

2)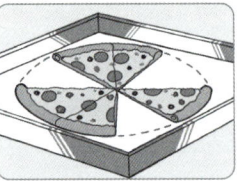
가: 피자 한 조각 더 줄까요?
나: 아니에요. 벌써 _____ 먹었어요.

3)
가: 강아지가 몇 마리 있어요?
나: _____ 있어요. 너무 귀여워요.

4)
가: 그 책을 좋아해요?
나: 네. 정말 재미있어서 _____ 읽었어요.

5)
가: 오늘은 학교에 늦게 왔네요.
나: 네. 길이 막혀서 _____ 걸렸어요.

 조각 counter for piece or slice

3. 대화를 완성해 보세요.
Complete the dialogue.

1) 가: 이 영화 봤어요?
   나: 네. 세 번 봤어요.
   가: 와, <u>세 번이나</u> 봤어요? 그렇게 재미있어요?

2) 가: 조깅 자주 해요?
   나: 일주일에 다섯 번 해요.
   가: 와, 일주일에 _____ 해요? 정말 부지런하네요.

3) 가: 매일 한국어 공부를 얼마나 해요?
   나: 두 시간 동안 해요.
   가: 와, _____ 해요? 전 아르바이트 때문에 한 시간밖에 못 해요.

4) 가: 한국 친구가 많이 있어요?
   나: 아니요. 네 명밖에 없어요.
   가: 와, _____ 있어요? 저도 한국 친구가 있었으면 좋겠어요.

5) 가: 한국에 산 지 얼마나 됐어요?
   나: 일 년 됐어요.
   가: 와, _____ 됐어요? 저는 세 달밖에 안 됐어요.

4. 친구와 이야기해 보세요.
Talk with your partner.

저는 하루에 한 시간 운동해요.

한 시간이나 운동해요? 저는 십 분도 안 해요.

한 시간밖에 안 해요? 저는 보통 두 시간 해요.

저는 하루에 한 시간 운동해요.	저는 동생이 세 명 있어요.
저는 매일 커피를 네 잔 마셔요.	

18-2. 한국에 온 지 벌써 6개월이나 됐다

복습 6

어휘 Vocabulary

✎ 아는 단어에 ✔ 하세요.

16단원

반말을 하다 ☐	두 손으로 드리다 ☐	이름을 부르다 ☐
높임말/존댓말을 하다 ☐	손을 흔들면서 인사하다 ☐	다리를 꼬고 앉다 ☐
한 손으로 받다 ☐	고개를 숙여서 인사하다 ☐	고개를 돌리고 마시다 ☐

줄을 서다 ☐	뛰다 ☐	사진 촬영 금지 ☐
자리를 양보하다 ☐	금연 ☐	휴대폰 사용 금지 ☐
발을 올리다 ☐	주차 금지 ☐	음식물 반입 금지 ☐
문에 기대다 ☐	출입 금지 ☐	

17단원

공연 ☐	연극 ☐	관심이 없다 ☐
콘서트 ☐	사물놀이 ☐	관심이 생기다 ☐
뮤지컬 ☐	음악회 ☐	인기가 없다 ☐
		인기가 많다 ☐

명절 ☐	한과 ☐	세배하다 ☐
설날 ☐	식혜 ☐	세뱃돈을 받다 ☐
추석 ☐	고향에 내려가다 ☐	윷놀이하다 ☐
떡국 ☐	차례를 지내다 ☐	소원을 빌다 ☐
송편 ☐	성묘하다 ☐	

18단원

그립다 ☐	꽃이 피다 ☐	나뭇잎이 떨어지다 ☐
아쉽다 ☐	장마가 시작되다 ☐	얼음이 얼다 ☐
후회가 되다 ☐	태풍이 오다 ☐	눈이 내리다 ☐
기억에 남다 ☐	단풍이 들다 ☐	

과거 ☐	꿈을 가지다 ☐	노력하다 ☐
현재 ☐	꿈꾸다 ☐	떨어지다 ☐
미래 ☐	꿈을 이루다 ☐	합격하다 ☐

[1~2] 밑줄 친 것과 의미가 같은 것을 고르세요.

1. 가: <u>옛날에는</u> 한글이 없어서 한국 사람들도 한자를 사용했어요.
   나: 그래요? 그래서 한국어에 한자 단어가 많이 있군요.

   ① 지금은　　② 현재는　　③ 과거에는　　④ 미래에는

2. 가: 여기에서 사진을 찍어도 돼요?
   나: 아니요. 사진을 <u>찍으시면</u> 안 됩니다.

   ① 촬영하시면　　② 반입하시면　　③ 주차하시면　　④ 사용하시면

[3~4] 밑줄 친 것과 의미가 반대되는 것을 고르세요.

3. 가: 입학시험에 <u>합격했어요</u>?
   나: 아니요. 면접에서 실수를 해서 (　　　).

   ① 내렸어요　　② 노력했어요　　③ 양보했어요　　④ 떨어졌어요

4. 가: 남편과 이야기할 때 <u>높임말</u> 써요?
   나: 아니요. 처음에는 그랬는데 지금은 (　　　)로 이야기해요.

   ① 반말　　② 존댓말　　③ 한국말　　④ 인사말

[5~7] (　) 에 들어갈 가장 알맞은 것을 고르세요.

5. 가: 어제 (　　　)을/를 보러 갔는데 배우가 정말 멋있었어.
   나: 그래? 제목이 뭐야? 나도 보러 갈래.

   ① 연극　　② 음악회　　③ 콘서트　　④ 사물놀이

6. 가: 이 노래는 (　　　)이/가 많은 것 같아요.
   나: 맞아요. 저도 요즘 이 노래를 자주 들어요.

   ① 꿈　　② 관심　　③ 인기　　④ 미래

7. 가: 한국 생활에서 어떤 일이 가장 (　　　)?
   나: 친구들하고 같이 단풍 구경 간 거요. 단풍이 정말 아름다웠어요.

   ① 아쉬워요　　② 긴장돼요　　③ 후회가 돼요　　④ 기억에 남아요

복습6　171

문법과 표현
Grammar & Expression

16단원

동 -는데 형 -(으)ㄴ데 2	한국에서는 밥을 숟가락으로 **먹는데** 일본에서는 젓가락으로 먹어요. 동생은 키가 **큰데** 저는 키가 작아요.
동 -아도/어도 되다	사진을 **찍어도 돼요**? - 네. **찍어도 돼요**.
동 -는 중이다 명 중이다	지금 학교에 **가는 중이에요**. **회의 중이니까** 이따가 전화할게요.
동 -(으)면 안 되다	도서관에서 큰 소리로 **이야기하면 안 됩니다**.

17단원

동 -기 위해(서)	**취직하기 위해서** 열심히 공부합니다.
동 -아/어 놓다	내일 먹을 빵을 **사 놓았어요**.
동 -는다/ㄴ다 형 -다 명 (이)다	한국 사람들은 설에 떡국을 **먹는다**. 우리 집은 학교에서 **멀다**. 나는 **한국 사람이다**.

18단원

동 형 -기는 하지만	이 집은 **넓기는 하지만** 교통이 불편해요.
동 형 -(으)ㄹ지 모르겠다	안나 씨가 이 선물을 **좋아할지 모르겠어요**.
동 -(으)ㄴ 지	한국에 **온 지** 일 년 됐어요.
명 (이)나 2	반찬이 맛있어서 밥을 **세 그릇이나** 먹었어요.

[1~2] ( )에 들어갈 가장 알맞은 것을 고르세요.

1.
> 가: 저는 이 영화를 열 번 봤어요.
> 나: 열 번(　　) 봤어요? 정말 많이 봤네요.

① 만　　　② 이나　　　③ 보다　　　④ 밖에

2.
> 가: 여행 갈 준비 많이 했어요?
> 나: 아직 많이 못 했어요. 지난주에 비행기표만 미리 (　　　　).

① 사도 돼요　　② 사 놓았어요　　③ 사는 중이었어요　　④ 살지 모르겠어요

[3~6] 밑줄 친 부분을 맞게 고쳐 보세요.

3. 건강하기 위해서 매일 운동을 해요. ➡ _____
4. 지금 시험을 본 중이니까 조용히 하세요. ➡ _____
5. 미래를 위해서 열심히 노력해야 하다. ➡ _____
6. 어제 날씨가 춥기는 하지만 맑았어요. ➡ _____

[7~10] 알맞은 것을 골라 대화를 만들어 보세요.

> -는 중이다　　-기는 하지만　　-(으)ㄹ지 모르겠다　　-(으)ㄴ지　　-는데　　-(으)ㄴ데

7. 가: 내일 등산을 가기로 했는데 날씨가 좋을까요?
　　나: 글쎄요. _____.

8. 가: 떡볶이가 좀 맵지요?
　　나: _____.

9. 가: 한국 음식과 고향 음식이 어떻게 달라요?
　　나: _____.

10. 가: 얼마 동안 한국어를 배웠어요?
　　나: _____.

듣기 Listening

[1~2] 다음 대화를 듣고 알맞은 그림을 고르세요.

1. ①  ②

   ③  ④

2. ①  ②

   ③  ④

[3~6] 다음을 듣고 이어지는 말을 고르세요.

3. ① 네. 저도 운전하는 중이에요.　② 네. 이따가 전화해 주세요.
　　③ 괜찮아요. 제가 데려다줄게요.　④ 제가 운전할 수 있을지 모르겠어요.

4. ① 아직 뭘 할지 잘 모르겠어요.　② 비행기표를 예매해 놓았어요.
　　③ 한국이 정말 그리울 것 같아요.　④ 아쉽기는 하지만 가족을 만나서 좋아요.

5. ① 안나 씨도 꿈을 한번 가져 보세요.　② 전시회에 사람들이 정말 많이 왔네요.
　　③ 제 꿈은 인기가 많은 게임을 만드는 거예요.　④ 안나 씨의 전시회에 갈 수 있을지 모르겠어요.

6. ① 우유를 두 개 사 놓으시면 됩니다.　② 네. 두 가지 맛을 고르셔도 됩니다.
　　③ 건강을 위해서 우유를 마셔야 합니다.　④ 아니요. 한 사람이 하나만 사야 합니다.

[7~8] 다음은 무엇에 대해 말하고 있습니까? 알맞은 것을 고르세요.

7. ① 날씨　② 추억　③ 취미　④ 계절

8. ① 예절　② 감정　③ 경험　④ 건강

[9~11] 다음을 듣고 들은 내용과 같은 것을 고르세요.

9. ① 오늘은 날씨가 춥다.　② 지금 눈이 많이 내리고 있다.
　　③ 여자는 한국에서 눈을 본 적이 없다.　④ 길이 얼었기 때문에 천천히 걸어야 한다.

10. ① 남자는 패션에 관심이 없다.　② 남자는 여자가 입은 옷이 마음에 든다.
　　③ 여자는 요즘 한국 드라마를 보지 않는다.　④ 여자는 남자에게 인기 있는 드라마를 추천해 줬다.

11. ① 남자는 여자에게 고민을 이야기했다.   ② 남자는 여자에게 갈비를 사 줄 것이다.
    ③ 여자는 남자와 설날 선물을 사러 갈 것이다.   ④ 여자는 전통 시장에서 부모님 선물을 살 것이다.

[12~13] 다음을 듣고 물음에 답하세요.

12. 두 사람은 어떤 사이입니까?
    ① 친구
    ② 남편과 아내
    ③ 선배와 후배
    ④ 오빠와 여동생

13. 들은 내용과 같은 것을 고르세요.
    ① 여자는 남자에게 빵을 사다 줬다.
    ② 여자는 남자와 친해지고 싶어 한다.
    ③ 여자는 남자 같은 선배가 되고 싶어 한다.
    ④ 여자는 남자가 주는 물건을 한 손으로 받았다.

[14~15] 다음을 듣고 물음에 답하세요.

14. 남자가 어렸을 때 **하지 않은** 일은 무엇입니까?
    ① 동생을 키웠다.
    ② 꽃집을 열었다.
    ③ 식당에서 설거지를 했다.
    ④ 시장에서 생선을 팔았다.

15. 내용이 같은 것을 고르세요.
    ① 이 사람은 부모님 덕분에 꿈을 이뤘다.
    ② 이 사람은 너무 힘들어서 꿈을 꿀 수 없었다.
    ③ 이 사람은 열심히 노력해서 성공하게 되었다.
    ④ 이 사람은 한식당을 열고 나서 꿈을 가지게 되었다.

  대하다 to treat   후배 junior   최고 the best   한식당 Korean restaurant   성공하다 to succeed

읽기 Reading

[1~3] 다음을 읽고 맞지 않는 것을 고르세요.

1.

> ❗ **지하철에서 주의해 주세요.**
> 1. 통화는 작은 소리로 해 주세요.
> 2. 가방은 선반에 올리거나 앞으로 메 주세요.
> 3. 노약자석은 노인이나 몸이 불편한 사람들에게 양보해 주세요.
> 4. 지하철 문에 기대시면 안 됩니다. 문이 열리거나 닫힐 때 다칠 수 있습니다.

① 지하철에서 통화를 해도 된다.
② 지하철 문에 기대면 위험하다.
③ 지하철에 가방을 메고 타면 안 된다.
④ 다리를 다친 사람은 노약자석에 앉을 수 있다.

2.

> 마리 씨, 우리가 결혼한 지 벌써 2년이나 됐어요. 일본에 유학 갔을 때 당신을 보고 사랑에 빠진 게 엊그제 같은데 시간이 참 빨리 지나갔네요. 나와 결혼해 줘서 고마워요. 그리고 나를 믿고 한국까지 와서 함께 살아 줘서 고마워요. 우리의 행복한 미래를 위해서 계속 노력하는 남편이 될게요. 사랑해요.

① 두 사람은 2년 전에 결혼을 했다.
② 두 사람은 지금 한국에 살고 있다.
③ 두 사람은 같이 일본에 유학을 갔다.
④ 이 편지는 마리의 남편이 쓴 것이다.

주의하다 to be cautious　선반 shelf　노약자석 priority seat　노인 old person (senior citizen)　엊그제 not too long ago

3.
남산골한옥마을, 설날 연휴 전통문화 체험 행사

남산골한옥마을에서는 설날 연휴 동안 전통문화 무료 체험 행사가 열린다. 오전에는 차례상 차리는 것을 배운 후에 사물놀이 공연을 볼 수 있다. 오후에는 윷놀이와 연날리기 등 다양한 전통 놀이를 즐길 수 있다. 미리 신청하면 떡국을 만들어 보는 체험도 할 수 있다. 자세한 내용은 남산골한옥마을 홈페이지에서 확인할 수 있다.

① 오전에는 사물놀이를 배워 볼 수 있다.
② 설 연휴에 돈을 내지 않고 체험을 할 수 있다.
③ 떡국을 만들고 싶으면 가기 전에 신청해야 한다.
④ 차례상 차리는 것을 배우려면 오전에 가야 한다.

[4~5] 다음을 읽고 순서가 알맞은 것을 고르세요.

4.
> (가) 그리고 10년 후에 함께 열어 보기로 했다.
> (나) 우리는 그 상자에 우리의 꿈을 써서 넣어 놓았다.
> (다) 나는 고등학교를 졸업할 때 친구들과 '꿈 상자'를 만들었다.
> (라) 우리는 그때까지 꿈을 이루기 위해서 열심히 노력하면서 살 것이다.

① (다) - (가) - (라) - (나)
② (다) - (나) - (가) - (라)
③ (라) - (가) - (다) - (나)
④ (라) - (다) - (나) - (가)

5.
> (가) 송편 안에는 보통 콩이나 깨를 넣는다.
> (나) 그래서 나는 깨가 들어 있는 송편을 더 좋아한다.
> (다) 콩이 들어 있는 송편은 건강에 좋기는 하지만 달지 않다.
> (라) 우리 집은 추석 전날 가족들이 모여서 송편을 만들어 놓는다.

① (가) - (라) - (나) - (다)
② (다) - (나) - (가) - (라)
③ (라) - (가) - (다) - (나)
④ (라) - (다) - (나) - (가)

남산골한옥마을 Namsangol Hanok Village 차례상 memorial service table (상을) 차리다 to set (the table)
콩 bean 깨 sesame seed

[6~7] 다음을 읽고 중심 생각을 고르세요.

6.
> 이번 주말에 제가 좋아하는 가수가 콘서트를 합니다. 저는 그 콘서트 표를 사기 위해 아르바이트를 열심히 해서 돈을 모았습니다. 그 돈으로 표를 사 놓고 한 달이나 기다렸습니다. 빨리 주말이 됐으면 좋겠습니다.

① 빨리 콘서트에 가고 싶다.
② 표를 산 지 한 달이나 됐다.
③ 주말에 콘서트를 보러 갈 것이다.
④ 아르바이트를 해서 콘서트 표를 샀다.

7.
> 저는 지난 주말에 산에 가서 단풍 구경을 했습니다. 단풍을 보면서 고등학교 때 친구들과 단풍나무 아래에서 사진을 찍은 일이 생각났습니다. 그 친구들과 연락을 하지 못한 지 벌써 2년이나 되었습니다. 그래서 오늘 친구들에게 연락을 해 보려고 합니다.

① 고등학교 친구들이 그립다.
② 친구와 사진을 찍으려고 한다.
③ 2년 동안 친구들과 연락하지 않았다.
④ 고등학교 친구들을 만난 지 오래되었다.

[8~9] 다음을 읽고 (   )에 들어갈 알맞은 말을 고르세요.

8.
> 우리 아파트는 다음 주 월요일에 지하 주차장 물청소를 할 계획입니다. 청소 중에는 (   ). 주차장 청소를 위해서 월요일 오전 9시까지 지하에 주차되어 있는 차를 다른 곳으로 옮겨 놓아 주시기 바랍니다. 오후 5시부터 다시 지하 주차장을 이용하실 수 있습니다.

① 지하에 주차해도 됩니다.
② 차를 이용할 수 없습니다.
③ 아파트에 출입하면 안 됩니다.
④ 주차장에 주차를 하면 안 됩니다.

9.
> 나는 버스 정류장 옆 카페에서 커피를 사서 그걸 들고 버스에 탔다. 그런데 서울에서는 버스를 탈 때 (   ). 그래서 버스에서 다시 내려야 했다. 정말 창피하기는 했지만 안전을 위해서 이런 규칙이 있는 것이 좋은 것 같다.

① 자리를 양보해야 한다
② 줄을 서서 타는 것이 좋다
③ 음료수를 들고 타면 안 된다
④ 음료수는 조심해서 마셔야 한다

 규칙 rule

[10~11] 다음을 읽고 물음에 답하세요.

> 설날마다 어머니는 설빔을 준비해 주셨다. 설빔은 설날에 입는 새 옷인데 새해를 새롭게 시작하기 위해서 입는 것이다. 나는 설빔을 입고 싶어서 항상 설날 아침을 기다렸다.
>
> 나는 결혼한 지 벌써 5년이 되었고 이제 딸을 가진 엄마가 되었다. 설날이 되어 딸의 설빔을 고르면서 어머니 생각이 많이 났다. 우리 어머니도 지금 나의 마음처럼 딸의 행복한 새해를 빌면서 설빔을 고르셨을 것이다. 올해 설날에는 내가 어머니를 위해서 설빔을 준비해 놓으려고 한다. "어머니, 새해 복 많이 받으세요."

10. 이 글을 쓴 여자의 마음으로 알맞은 것을 고르세요.
    ① 설날이 걱정된다.
    ② 설빔을 입고 싶다.
    ③ 어머니께 감사한다.
    ④ 어머니의 설빔이 좋다.

11. 이 글의 내용과 같은 것을 고르세요.
    ① 설빔은 어머니가 주시는 새 옷이다.
    ② 여자는 어머니와 함께 설빔을 골랐다.
    ③ 여자는 설날에 딸을 위해 설빔을 만들었다.
    ④ 여자는 이번 설날에 어머니께 설빔을 드릴 것이다.

[12~13] 다음을 읽고 물음에 답하세요.

> 요즘 젊은 사람들은 부모님이 대학생이었을 때 입은 옷과 사용한 물건에 관심이 많다. 그리고 옛날 분위기의 카페나 식당에 가서 사진 찍는 것도 좋아한다. 예전에는 인기가 많았는데 지금은 유행이 지난 과자나 음료수도 다시 유행하는 중이다. 이런 것들은 부모님들에게는 오래된 과거의 추억이지만 젊은 사람들에게는 새로운 것들이다. 부모님들은 과거의 추억이 생각나서 좋아하고, 젊은 사람들은 새로워서 좋아한다. ㉠ **이런 문화** 덕분에 나이 든 사람들과 젊은 사람들이 더 가까워지고 서로를 더 잘 이해할 수 있게 되었다.

12. ㉠ **이런 문화**는 무슨 뜻입니까?
    ① 부모님들에게 새로운 문화
    ② 과거의 것이 다시 유행하는 문화
    ③ 부모님과 아이들이 사이가 좋은 문화
    ④ 젊은 사람들이 자주 사진을 찍는 문화

   설빔 New Year's clothing   나이가 들다 to grow older

13. 이 글의 내용과 같은 것을 고르세요.

　① 부모님은 젊은 사람들의 문화를 좋아한다.
　② 부모님들에게 사진을 찍는 문화가 유행하고 있다.
　③ 부모님이 젊었을 때의 문화가 다시 유행하고 있다.
　④ 부모님은 젊은 사람들과 가까워지려고 새로운 문화를 배운다.

[14~15] 다음을 읽고 물음에 답하세요.

드라마에 빠진 소녀, 배우를 꿈꾸다

어린 소녀 지나는 바쁘신 부모님 때문에 이사를 자주 다녀야 했습니다. (㉠) 내성적인 성격 때문에 친구들과 쉽게 가까워지지도 못했고, 혼자 집에서 외롭고 힘든 시간을 보내야 했습니다. (㉡) 바로 매일 보는 드라마 속 주인공처럼 멋있는 배우가 되는 것이었습니다. (㉢) 지나는 꿈을 이루기 위해서 시간이 날 때마다 거울 앞에서 연기를 연습했습니다. (㉣) 고등학생이 된 지나는 부모님께 자신의 꿈을 이야기했고, 혼자 서울로 가게 됩니다.
지나가 서울로 떠난 지 1년 후, 지나는 어떻게 되었을까요?
꿈을 이룰 수 있었을까요?

14. 다음 문장이 들어갈 곳을 고르세요.

　　하지만 이런 지나에게도 꿈이 있었습니다.

　① ㉠　　② ㉡　　③ ㉢　　④ ㉣

15. 이 글의 내용과 같은 것을 고르세요.

　① 지나는 고등학생 때까지 서울에서 살았다.
　② 지나는 배우가 되기 위해서 가족을 떠났다.
　③ 지나는 드라마에서 주인공을 한 적이 있다.
　④ 지나는 어렸을 때 친구들에게 인기가 많았다.

　　바로 the very　　속 inside　　주인공 main character　　자신 oneself

쓰기 Writing

✏️ **질문을 잘 읽고 200~300자로 글을 쓰세요.**

> 꿈이 무엇입니까? 왜 그 꿈을 가지게 됐습니까?
> 꿈을 이루기 위해서 어떤 노력을 하고 있습니까?

💡 글을 다 썼어요?
다시 한번 읽어 보세요.

말하기 Speaking

1. 문법을 사용해서 친구와 이야기해 보세요.

동-는데, 형-(으)ㄴ데 2
1) 한국어 공부가 어때요?
2) 한국하고 여러분 고향이 어떻게 달라요?

동-아도/어도 되다
3) 지금 화장실에 가면 안 돼요?
4) 오늘 꼭 숙제를 내야 돼요?

동-는 중이다, 명 중이다
5) 지금 뭐 하고 있어요?
6) 아까 전화했는데 왜 안 받았어요?

동-(으)면 안 되다
7) 선생님, 지금 전화를 받아도 돼요?
8) 여기에서 술을 마셔도 돼요?

동-기 위해(서)
9) 한국 사람들은 설날에 무엇을 합니까?
10) 한국어를 공부하는 목적이 무엇입니까?

동-아/어 놓다
11) 여행을 가려면 뭘 준비해야 돼요?
12) 생일 파티를 하기 전에 뭘 해야 돼요?

동-는다/ㄴ다, 형-다, 명(이)다
13) 한 문장씩 만들어 보세요.

동형-기는 하지만
14) 김치가 맵지요?
15) 한국 생활이 힘들지 않아요?

동형-(으)ㄹ지 모르겠다
16) 크리스마스에 눈이 올까요?
17) 한국어 공부를 끝낸 후에 뭐 하고 싶어?

동-(으)ㄴ 지
18) 언제 놀이공원에 갔어요?
19) 얼마 동안 한국어를 배웠어요?

명(이)나 2
20) 교실에 학생이 많이 있어요?
21) 저는 부산에 세 번 가 봤어요.

2. 그림을 보고 이야기를 만들어 보세요.

- ☐ 동-는데, 형-(으)ㄴ데 2
- ☐ 동-아도/어도 되다
- ☐ 동-는 중이다, 명 중이다
- ☐ 동-(으)면 안 되다
- ☐ 동-기 위해(서)
- ☐ 동-아/어 놓다
- ☐ 동형-기는 하지만
- ☐ 동형-(으)ㄹ지 모르겠다
- ☐ 동-(으)ㄴ 지
- ☐ 명(이)나 2

발음 Pronunciation

16단원

앞 단어에 'ㄴ, ㅁ, ㅇ' 받침이 있고 뒤에 오는 단어가 '이, 야, 여, 요, 유, 얘, 예'로 시작할 때 그 사이에 [ㄴ]를 넣어 발음합니다.

아침에 안 **좋은 일**이 있었어요.
　　　　　[조은닐]

다음 연극은 일곱 시에 시작해요.
[다음년극]

🎧 잘 듣고 따라 해 보세요.

❶ 무슨 **좋은 일** 있어요?

❷ **여행 요금**에 식비가 포함되어 있습니다.

17단원

'ㄱ, ㄷ, ㅂ, ㅈ'은 앞이나 뒤에 'ㅎ'이 오면 [ㅋ, ㅌ, ㅍ, ㅊ]로 발음합니다.

식혜를 마셔 본 적이 있어요?
[시케]

송편을 **어떻게** 만드는지 몰라요.
　　　　　[어떠케]

🎧 잘 듣고 따라 해 보세요.

❶ 연극을 보고 싶었는데 예매를 **못 했어요**.

❷ 이 공연이 **괜찮기는** 하지만 비싸요.

18단원

어미 '-(으)ㄹ' 뒤에 오는 'ㄱ, ㅅ, ㅈ'은 [ㄲ, ㅆ, ㅉ]로 발음합니다.

한국에 계속 **살 것** 같아요.
　　　　　[살껃]

너는 **잘할 수 있을 거야**.
　　　[잘할쑤] [이쓸꺼야]

🎧 잘 듣고 따라 해 보세요.

❶ 한국어를 **할 줄 알기는** 하지만 잘 못해요.

❷ 꿈을 **이룰 수 있을지** 모르겠어요.

🎧 잘 듣고 따라 해 보세요.

❶ 가: 취직할 수 있을지 모르겠어요.
　　나: 잘될 거예요. 걱정하지 마세요.

❷ 가: 후회가 되는 일이 있어요?
　　나: 올해는 여행을 많이 못 했는데 내년에는 더 자주 여행하고 싶어요.

복습 4

[1~2] 다음 대화를 듣고 알맞은 그림을 고르세요.

❶ 남: 뭐 시킬래?
여: 글쎄, 시간이 없으니까 빨리 먹을 수 있는 거 시키자.

❷ 남: 여기에서 운동을 하려면 뭐가 필요한가요?
여: 운동복은 빌려 드리니까 운동화만 준비하시면 됩니다.

[3~6] 다음을 듣고 이어지는 말을 고르세요.

❸ 남: 유진 씨의 이상형은 어떤 사람이에요?
여: 운동선수처럼 운동을 잘하는 사람을 좋아해요.
남: 그럼 성격은요?

❹ 여: 뭐 먹을래?
남: 글쎄, 나는 이 식당이 처음이라서 잘 모르겠어.
여: 여기는 갈비탕이 맛있어. 한번 먹어 볼래?

❺ 여: 어머니 생신이라서 선물하려고 하는데 이 중에서 어떤 꽃이 좋을까요?
남: 어머니가 무슨 색을 좋아하시나요?
여: 노란색과 녹색을 좋아하세요.

❻ 남: 제니 씨, 어제 이 단어를 배웠는데 무슨 뜻인지 알지요?
여: 죄송해요, 선생님. 잊어버렸어요.
남: 그럼 다시 설명해 줄까요?

[7~8] 다음은 무엇에 대해 말하고 있습니까? 알맞은 것을 고르세요.

❼ 여: 크리스 씨는 정말 활발한 것 같아요.
남: 네. 저는 사람들을 만나서 이야기하는 게 즐거워요.

❽ 남: 어제 간 식당이 어땠어요?
여: 창밖으로 보이는 경치가 그림처럼 아름답고 음악도 좋았어요.

[9~11] 다음을 듣고 들은 내용과 같은 것을 고르세요.

❾ 남: 아, 피곤해.
여: 나도 졸려. 아침에 커피 사 오는 걸 잊어버렸어.
남: 그럼 지금 커피 사러 갈래?
여: 지금? 지금은 발표 준비해야 돼. 다음 쉬는 시간에 가자.

❿ 여: 거기, 파란 수영복 입고 계신 분.
남: 저요? 왜 그러세요?
여: 위험하니까 뛰지 마세요.
남: 아, 죄송합니다.
여: 그리고 수영 모자를 쓰지 않으시면 수영장에 들어가실 수 없습니다.
남: 네. 알겠습니다. 여기 모자 있어요. 쓸게요.

⓫ 남: 어서 오세요. 어떻게 오셨어요?
여: 저, 어제 여기에 우리 아이 가방을 놓고 갔는데 혹시 보셨나요?
남: 손님. 가방이 어떻게 생겼습니까?
여: 갈색 가방인데 강아지 인형처럼 생겼어요.
남: 잠시만 기다려 주세요. (…) 손님, 이 가방이 맞습니까?
여: 네. 맞아요. 이 가방이에요. 감사합니다.

[12~13] 다음을 듣고 물음에 답하세요.

남: 네. 서울식당입니다.
여: 안녕하세요? 저 방금 닭갈비 주문한 사람인데요.
남: 주소가 어떻게 되시나요?
여: 서울시 관악구 관악로 1, 303호요.
남: 네. 말씀하세요.
여: 김치 닭갈비를 주문했는데 친구가 매운 걸 잘 못 먹어서요. 혹시 다른 메뉴로 바꿀 수 있나요?
남: 그럼요. 치즈 닭갈비는 어떠세요? 치즈하고 같이 먹으면 별로 맵지 않을 거예요.
여: 네. 그럼 치즈 닭갈비로 갖다주세요. 얼마나 걸릴까요?
남: 30분쯤 걸릴 거예요. 조금만 기다려 주세요.
여: 감사합니다.

[14~15] 다음을 듣고 물음에 답하세요.

남: 어서 오세요. 뭘 도와드릴까요?
여: 문의할 게 있는데요. 외국인도 이 도서관을 이용할 수 있나요?
남: 네. 외국인도 이용하실 수 있습니다. 그런데 책을 빌리려면 회원증을 만드셔야 합니다.
여: 회원증은 어떻게 만드나요?
남: 신분증을 보여 주시면 됩니다. 여권이나 외국인 등록증이 있으신가요?
여: 오늘 안 가져왔는데 혹시 학생증도 괜찮은가요?
남: 죄송하지만 학생증은 안 됩니다.
여: 그럼 내일 외국인 등록증을 가지고 다시 올게요. 내일 몇 시까지 문을 여나요?
남: 평일은 오전 9시부터 저녁 9시까지 이용하실 수 있습니다.
여: 네. 알겠습니다. 감사합니다.

복습 5

[1~2] 다음 대화를 듣고 알맞은 그림을 고르세요.

① 여: 하이 씨, 축하해요. 하이 씨가 장학금을 받게 됐어요.
　남: 선생님께서 잘 가르쳐 주신 덕분이에요. 정말 감사합니다.

② 남: 집이 어떠세요? 마음에 드세요?
　여: 깨끗하고 좋네요.
　남: 그렇죠? 시장도 가까워서 살기 편해요.

[3~6] 다음을 듣고 이어지는 말을 고르세요.

③ 남: 무슨 안 좋은 일 있어요?
　여: 친구 때문에요. 친구가 교통사고가 나서 병원에 입원해 있어요.

④ 여: 저는 가수 유아를 좋아해서 팬클럽에 가입했어요.
　남: 언제부터 그 가수를 좋아하게 됐어요?

⑤ 남: 한국에 처음 왔을 때 어땠어?
　여: 한국어를 전혀 못해서 정말 힘들었어.
　남: 한국어 때문에 실수한 적도 있어?

⑥ 남: 오랜만이에요, 아야나 씨. 그동안 잘 지냈어요?
　여: 네. 덕분에 잘 지내고 있어요.
　남: 이제 한국 생활에 익숙해졌지요?

[7~8] 다음은 무엇에 대해 말하고 있습니까? 알맞은 것을 고르세요.

⑦ 여: 와, 집에서 한강이 보이네요.
　남: 네. 거실에 앉아서 한강을 보면 정말 아름다워요. 매일 여행 온 것 같아요.

⑧ 남: 고향에서도 김치를 자주 먹었어요?
　여: 아니요. 한국에 와서 날마다 먹게 됐어요.

[9~11] 다음을 듣고 들은 내용과 같은 것을 고르세요.

⑨ 남: 누나, 집에 매운 라면 있어?
　여: 응. 있는데 하나 끓여 줄까?
　남: 응. 학교에서 좀 짜증 나는 일이 있었어. 매운 음식을 먹으면 스트레스가 좀 풀릴 것 같아.
　여: 그래, 잠깐만 기다려. (…) 자, 라면 다 됐어. 뜨거우니까 천천히 먹어.
　남: 맛있겠다. 고마워, 누나.

⑩ 남: 여보세요? 한국가스입니다. 무엇을 도와드릴까요?
　여: 안녕하세요? 가스 요금이 너무 많이 나와서요. 보통 2만 원밖에 안 나오는데 이번 달은 4만 3천 원이 나왔어요.
　남: 그러세요? 잠깐만 기다리세요. (…) 지난달 가스 요금을 안 내셨네요. 그래서 지난달 요금까지 이번 달에 다 내셔야 합니다.
　여: 아, 제가 지난달 요금 내는 걸 깜빡 잊어버렸네요. 알겠습니다.

⑪ 여: 와, 여기 좀 보세요. 우리 동네에도 자전거 길이 생겼어요.
　남: 그렇네요. 아이들이 자전거를 탈 때마다 위험해 보였는데 잘됐네요.
　여: 맞아요. 자전거 길이 없었을 때 사거리에서 사고도 많이 났죠.
　남: 이제 아이들이 안전하게 자전거를 탈 수 있을 것 같아서 다행이에요.

[12~13] 다음을 듣고 물음에 답하세요.

남: 기분이 좋아 보이네. 무슨 좋은 일 있어?
여: 응. 동생이 어제저녁에 딸을 낳았어.
남: 와, 축하해. 동생을 많이 닮았어?
여: 응. 눈하고 코는 엄마를 닮고, 입하고 귀는 아빠를 닮았어.
남: 정말 귀여울 것 같아.
여: 맞아. 사진 좀 보여 줄까?
남: 응. 보고 싶어. (…) 너랑도 닮았는데?
여: 그래? 동생하고 나하고 닮아서 그런 것 같아.
남: 아기는 만나 봤어?
여: 아니. 동생이 멀리 살기 때문에 아직 사진밖에 못 봤어.
남: 정말 보고 싶겠다.
여: 응. 그래서 다음 주에 휴가를 내서 가 보려고 해.

[14~15] 다음을 듣고 물음에 답하세요.

여: 오늘은 다음 달에 은퇴하시는 김석현 선생님을 모셨습니다. 선생님은 몇 년 동안 학생들을 가르치셨습니까?
남: 대학교를 졸업한 후에 바로 고등학교에서 영어를 가르치기 시작했으니까 벌써 40년이 되었네요.
여: 기억에 남는 일이 있습니까?
남: 저는 처음 학생들을 가르쳤을 때가 기억에 남습니다. 처음이었기 때문에 실수를 많이 했는데 학생들이 이해해 주고 형처럼 좋아해 줬지요. 아직도 그 학생들과 연락하고 매년 만나고 있습니다.
여: 행복하시겠네요. 은퇴 후에는 어떤 계획이 있으십니까?
남: 얼마 전에 딸이 아기를 낳았는데요. 딸이 아이 키우는 것을 도와주려고 합니다. 그리고 시간이 날 때마다 아내와 여행도 자주 하려고 합니다.
여: 좋은 계획이시네요. 가족들과 행복한 시간 보내셨으면 좋겠습니다.

복습 6

[1~2] 다음 대화를 듣고 알맞은 그림을 고르세요.

❶ 남: 지금 공사 중이라서 계단을 이용하실 수 없습니다.
여: 아, 알겠습니다. 그럼 어떻게 올라가야 하나요?
남: 이쪽으로 쭉 가시면 엘리베이터가 있습니다.

❷ 남: 공연장에 잘 들어갔어?
여: 지금 들어가려고 줄 서서 기다리고 있어.
남: 춥지는 않아?
여: 조금 춥기는 하지만 공연을 보기 위해서 한 시간쯤은 기다릴 수 있어.

[3~6] 다음을 듣고 이어지는 말을 고르세요.

❸ 여: 하이 씨, 저 유진인데요. 지금 전화할 수 있어요?
남: 미안하지만 지금 운전하는 중이에요.
제가 조금 이따가 전화할게요.

❹ 여: 전 다음 주에 고향으로 돌아가요.
남: 정말 아쉽네요. 고향에 돌아가면 뭐 할 거예요?

❺ 남: 안나 씨는 꿈이 뭐예요?
여: 좋은 그림을 그려서 제 전시회를 여는 게 제 꿈이에요. 민우 씨는요?

❻ 여: 저기요, 이 우유는 하나를 사면 하나를 더 주는 게 맞지요?
남: 네. 맞습니다, 손님.
여: 딸기 우유 하나하고 초코 우유 하나, 이렇게 사도 돼요?

[7~8] 다음은 무엇에 대해 말하고 있습니까? 알맞은 것을 고르세요.

❼ 여: 날씨 정말 좋네요. 전 따뜻하고 예쁜 꽃이 피는 봄이 참 좋아요.
남: 저는 봄도 좋은데 단풍을 보면서 등산할 수 있는 가을이 더 좋아요.

❽ 남: 한국에서는 사람들 앞에서 다리를 꼬고 앉으면 안 되지요?
여: 어른들 앞에서는 안 되는데 친구 앞에서는 괜찮아요.

[9~11] 다음을 듣고 들은 내용과 같은 것을 고르세요.

❾ 여: 와! 저기 좀 봐! 눈 내린다!
남: 정말이네. 너는 한국에 와서 눈 오는 거 처음 보지?
여: 아니. 작년에 보기는 했는데 이렇게 많이 오는 건 처음 봐. 그런데 이따가 어떻게 집에 가지?
남: 오늘은 날씨가 따뜻해서 길이 얼지는 않을 거야. 천천히 조심해서 걸어가면 돼.

❿ 남: 요즘 재미있는 한국 드라마가 뭐가 있어? 추천 좀 해 줘.
여: 응. 잠깐만. (…) 요즘 이 드라마가 인기가 많아.
남: 와, 남자 배우가 멋있다.
여: 그렇지? 이걸 찍기 위해 운동을 많이 해서 더 멋있어졌어.
남: 한복도 예쁘고 이런 전통 모자나 신발도 예쁘네.
여: 넌 패션에 관심이 많으니까 이 드라마가 더 재미있을 거야.

⓫ 여: 곧 설날인데 부모님께 무슨 선물을 드려야 할지 모르겠어.
남: 음, 갈비를 선물하면 어때?
여: 갈비? 부모님이 좋아하시기는 하겠지만 너무 비싸지 않을까?
남: 아니야. 전통 시장에서 사면 싸게 살 수 있을 거야.
여: 그래? 그럼 그걸로 할게. 고마워.

[12~13] 다음을 듣고 물음에 답하세요.

남: 제니, 오다가 빵이 맛있어 보여서 친구들이랑 먹으려고 샀는데 너도 하나 먹어 봐.
여: 와, 맛있겠어요. 고마워요.
남: 다음부터는 그냥 한 손으로 받아도 돼. 괜찮아.
여: 한국에서는 물건을 받을 때 두 손으로 받아야 하지 않아요?
남: 어른한테 받을 때에는 그래야 하는데 우리는 친하니까 그렇게 하지 않아도 돼.
여: 항상 친절하게 대해 주셔서 고마워요. 저도 나중에 오빠처럼 좋은 선배가 되고 싶은데 그럴 수 있을지 모르겠어요.
남: 하하, 너는 나보다 더 좋은 선배가 될 거야.

[14~15] 다음을 듣고 물음에 답하세요.

남: 안녕하십니까? 오늘 제 인생 이야기를 듣기 위해서 모여 주신 여러분께 감사드립니다.
저는 어렸을 때 부모님이 돌아가셔서 동생 둘을 키우며 살아야 했습니다. 그래서 안 해 본 일이 없었어요. 어떤 날은 시장에서 생선을 팔고, 어떤 날은 길에서 꽃을 팔았습니다. 그리고 또 어떤 날은 식당에서 설거지도 했고요. 힘들기는 했지만 저는 항상 이렇게 생각했습니다. '기회는 항상 열려 있다. 끝까지 노력해 보자.' 그렇게 노력해서 여러분이 아시는 것처럼 한국 최고의 한식당을 열게 되었지요. 여러분, 꿈을 가지고, 꿈을 꾸고, 꿈을 이루기 위해 노력하십시오. 감사합니다.

Answer Key
모범 답안

| 부록 Appendix |

10. 학교생활

10-1. 우리 같이 시험공부를 하자

어휘 p. 14

1. 1) → ① 듣기
   2) → ④ 말하기
   3) → ② 읽기
   4) → ③ 쓰기

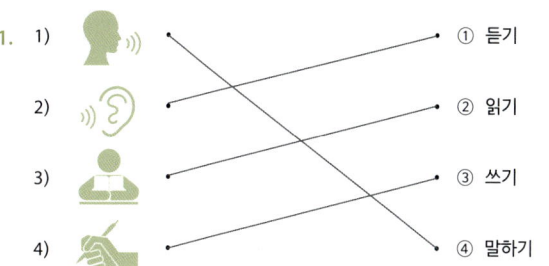

2. 2) ① 외웠어요 ② 잊어버렸어요
   3) ① 맞았어요 ② 틀렸어요
   4) ① 질문하셨어요 ② 대답했어요

3. 2) 질문해   3) 맞았어요
   4) 이해했어요   5) 잊어버렸어요
   6) 설명해

문법과 표현 ❶ 반말 1 p. 16

1.

	-아/어		-아/어
살다	살아	좋다	좋아
오다	와	비싸다	비싸
먹다	먹어	맛있다	맛있어
공부하다	공부해	따뜻하다	따뜻해
듣다	들어	예쁘다	예뻐
모르다	몰라	덥다	더워
짓다	지어	빠르다	빨라

	이야		야
선물	선물이야	무료	무료야
학생	학생이야	친구	친구야

2. 2) 한국 사람들은 김치를 많이 먹어
   3) 눈이 와서 길이 막혀
   4) 한국어를 연습하려고 라디오를 들어
   5) 오늘은 어제보다 날씨가 좋아
   6) 가방에 책이 들어서 무거워
   7) 요즘 잠을 잘 못 자서 좀 피곤해
   8) 약속이 있어서 명동에 가야 돼
   9) 이거는 한복이야
   10) 여기는 사무실이 아니야

3. 2) 네 3) 나도 4) 너는 5) 나는 6) 너도
   7) 아니 8) 나한테 9) 응 10) 내가

4. 예
   2) 내 이름은 제니야
   3) 아주 좋아
   4) 휴대폰을 보거나 음악을 들어
   5) 여행하고 싶어

문법과 표현 ❷ 반말 2 p. 18

1.

	-았어/었어	-(으)ㄹ 거야		-았어/었어	-(으)ㄹ 거야
받다	받았어	받을 거야	작다	작았어	작을 거야
가다	갔어	갈 거야	따뜻하다	따뜻했어	따뜻할 거야
마시다	마셨어	마실 거야	크다	컸어	클 거야
듣다	들었어	들을 거야	맵다	매웠어	매울 거야
부르다	불렀어	부를 거야	멀다	멀었어	멀 거야
낫다	나았어	나을 거야	빠르다	빨랐어	빠를 거야

	이었어	일 거야		였어	일 거야
학생	학생이었어	학생일 거야	의사	의사였어	의사일 거야
도서관	도서관이었어	도서관일 거야	카페	카페였어	카페일 거야

2. 2) 어제 제주도 날씨가 좋지 않았어
   3) 지난주는 아르바이트를 해서 바빴어
   4) 주말에 추워서 수영을 할 수 없었어
   5) 나는 고향에서 회사원이었어
   6) 방학 때 부모님이 한국에 오실 거야
   7) 이 티셔츠가 내 동생에게 잘 맞을 거야
   8) 여름에는 비행기표가 비쌀 거야
   9) 이 버스가 인사동에 가는 버스일 거야
   10) 저 사람은 우리 학교 학생이 아닐 거야

3.

	-아/어	-지 마	-자	-지 말자
앉다	앉아	앉지 마	앉자	앉지 말자
가다	가	가지 마	가자	가지 말자
먹다	먹어	먹지 마	먹자	먹지 말자
연습하다	연습해	연습하지 마	연습하자	연습하지 말자
쓰다	써	쓰지 마	쓰자	쓰지 말자
듣다	들어	듣지 마	듣자	듣지 말자
서두르다	서둘러	서두르지 마	서두르자	서두르지 말자

4. 2) 다음부터 일찍 와
   3) 쓰레기를 버리지 마
   4) 주말에 같이 영화를 보자
   5) 수업 끝나고 같이 밥을 먹자
   6) 오늘은 추우니까 밖에 나가지 말자

10-2. 기숙사를 신청하려면 어떻게 해야 하나요?

어휘 p. 20

1. 1) ① 이메일을 쓰다
   2) ② 답장을 보내다
   3) ③ 이메일을 지우다
   4) ④ 이메일을 확인하다

2. 2) 교과서를   3) 장학금을   4) 학생증이
   5) 등록금을   6) 상을

3. 2) 학생증을 받으러
   3) 교과서를 사야
   4) 상을 받았어요
   5) 수료하고
   6) 장학금을 받았어요

문법과 표현 ③ 동-나요?, 형-(으)ㄴ가요?, 명인가요? p. 22

1.

	-나요?		-(으)ㄴ가요?
읽다	읽나요?	작다	작은가요?
먹다	먹나요?	크다	큰가요?
사다	사나요?	맵다	매운가요?
쓰다	쓰나요?	멀다	먼가요?
만들다	만드나요?	맛있다	맛있나요?
열다	여나요?	재미없다	재미없나요?

	인가요?		인가요?
학생	학생인가요?	의사	의사인가요?

2. 2) 시작하나요   3) 여나요
   4) 확인했나요   5) 좋은가요
   6) 필요한가요   7) 더운가요
   8) 먼가요   9) 있나요

3. 2) 어디인가요   3) 무슨 요일인가요
   4) 얼마인가요   5) 누구신가요

문법과 표현 ④ 동-(으)려면 p. 24

1.

	-(으)려면		-(으)려면
읽다	읽으려면	듣다	들으려면
먹다	먹으려면	만들다	만들려면
사다	사려면	낫다	나으려면
보다	보려면	늦지 않다	늦지 않으려면

2. 2) 쓰기를 잘하려면 일기를 써 보세요
   3) 주말에 영화를 보려면 예매해야 돼요
   4) 학생증을 만들려면 사진이 필요해요
   5) 빨리 나으려면 약을 드시고 푹 쉬세요
   6) 늦지 않으려면 택시를 타야 해요

3. 2) 동호회에 가입하려면   3) 한국어를 잘하려면
   4) 단어를 잘 외우려면   5) 통장을 만들려면

4. 2) 내일 일찍 (일어나려면/ 일어나면) 일찍 자야 해요.
   3) 시험이 (끝나려면 /끝나면) 친구들과 파티를 할 거야.
   4) 꽃을 (선물하려면 /선물하면) 어머니께서 좋아하실 거예요.
   5) 감기에 걸리지 (않으려면/ 않으면) 손을 자주 씻으세요.

11. 음식

11-1. 난 순두부찌개 먹을래

어휘 p. 28

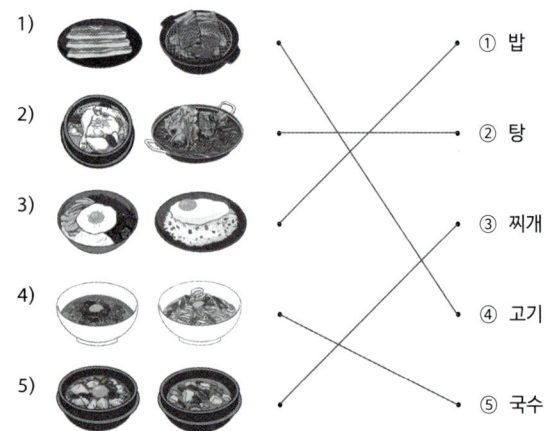

1. 1) ① 밥
   2) ② 탕
   3) ③ 찌개
   4) ④ 고기
   5) ⑤ 국수

2. 2) 셔요   3) 달아요
   4) 써요   5) 짜요

3. 2) 맵지만   3) 짜네요
   4) 셔요   5) 단

문법과 표현 ❶ 동-는데, 형-(으)ㄴ데 1 p. 30

1.

	-는데		-(으)ㄴ데
먹다	먹는데	작다	작은데
듣다	듣는데	크다	큰데
가다	가는데	가깝다	가까운데
숙제하다	숙제하는데	멀다	먼데
만들다	만드는데	맛있다	맛있는데
살다	사는데	재미없다	재미없는데

2. 2) 요즘 한국어를 배우는데 재미있어요
   3) 이쪽으로 쭉 가면 식당이 있는데 은행은 그 옆에 있어요
   4) 비빔밥을 먹었는데 맛있었어요
   5) 이거는 어제 산 옷인데 작아서 바꿔야 돼요

3. 2) 좋아하는데   3) 있는데
   4) 사고 싶은데   5) 올 것 같은데

문법과 표현 ❷ 동-(으)ㄹ래요 p. 32

1.

	-(으)ㄹ래요		-(으)ㄹ래요
먹다	먹을래요	듣다	들을래요
읽다	읽을래요	놀다	놀래요
가다	갈래요	만들다	만들래요
돕다	도울래요	짓다	지을래요

2. 2) 소설 읽을래   3) 물 마실래
   4) 집에 갈래   5) 공부할래요

3. 2) 먹을래   3) 갈래
   4) 칠래   5) 만들래요

11-2. 제가 먹어 본 냉면 중에서 제일 맛있었어요

어휘 p. 34

1. 1) — ① 양식
   2) — ② 일식
   3) — ③ 중식
   4) — ④ 채식
   5) — ⑤ 한식

2. 1) 교통이   2) 맛이   3) 값이
   4) 서비스가 5) 분위기가

3. 1) 메뉴   2) 추천   3) 후기

4. 예
   • 무슨 음식을 먹을 수 있어요?
     – 한식을 먹을 수 있어요.
   • 이 식당의 추천 메뉴가 뭐예요?
     – 칼국수예요.
   • 배달을 시키려면 얼마 이상 주문해야 돼요?
     – 만 원 이상 주문해야 돼요.
   • 배달은 무료예요?
     – 아니요. 이천 원이에요.
   • 이 식당은 교통이 어때요?
     – 교통이 편리해요.

문법과 표현 ❸ 명 중에서 p. 36

1. 2) 운동 중에서 농구를 제일 잘해요
   3) 학교 근처 카페 중에서 이 카페가 제일 예뻐요
   4) 지금까지 본 영화 중에서 이 영화가 제일 재미있어요
   5) 지금까지 가 본 곳 중에서 제주도가 제일 좋았어요

2. 2) 운동 중에서   3) 계절 중에서
   4) 가족 중에서   5) 일 년 중에서

3. 2) 한국에서 제일 아름다운 곳 / 섬이 어디예요
   3) 서울에서 가장 복잡한 곳이 어디예요
   4) 우리 반에서 제일 키가 큰 사람이 누구예요

4. 2) 한국 (중에서 / (에서)) 제일 높은 산은 한라산이에요.
   3) 엥흐 씨는 우리 반 학생 ((중에서)/ 에서) 나이가 제일 많아요.
   4) 제가 배운 외국어 ((중에서)/ 에서) 한국어가 가장 재미있어요.

문법과 표현 ❹ 동-아다/어다 주다 p. 38

1.

	-아다/어다 주다		-아다/어다 주다
찾다	찾아다 주다	만들다	만들어다 주다
사다	사다 주다	빌리다	빌려다 주다
찍다	찍어다 주다	하다	해다 주다

2. 2) 학교에 데려다줬어요
   3) 병원에 모셔다드렸어요
   4) 지하철역에 모셔다드렸어요
   5) 공항에 데려다줬어요
   6) 어머니께 데려다줬어요

3.
- 아버지는 동생에게 물을 갖다주셨어요.
- 동생은 어머니께 우산을 갖다드렸어요.
- 어머니는 누나에게 약을 갖다주셨어요.
- 누나는 저에게 모자를 갖다줬어요.

4.
2) 책 좀 빌려다 줘
3) 택배 좀 찾아다 주세요
4) 치즈 피자 하나 갖다주세요
5) 예 아이스크림 좀 사다 줘

12. 외모와 성격

12-1. 까만 스웨터를 입고 있어요

어휘 p. 42

1.

2.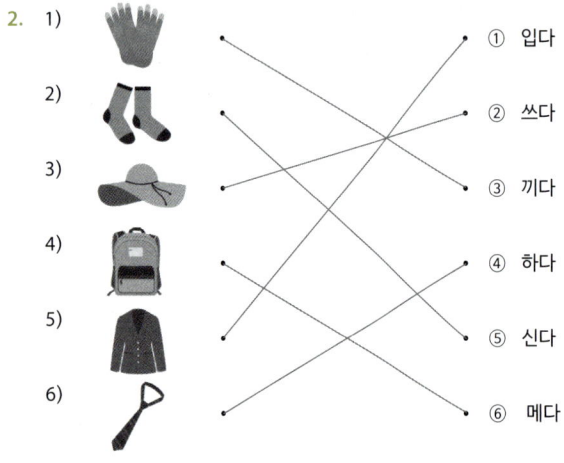

3. 2) 썼어요 / 꼈어요   3) 멘   4) 할게
   5) 신어야   6) 껴

문법과 표현 ❶ 'ㅎ' 불규칙   p. 44

1.

	-습니다/ㅂ니다	-고	-아요/어요	-아서/어서	-(으)ㄴ	-(으)니까
빨갛다	빨갛습니다	빨갛고	빨개요	빨개서	빨간	빨가니까
노랗다	노랗습니다	노랗고	노래요	노래서	노란	노라니까
파랗다	파랗습니다	파랗고	파래요	파래서	파란	파라니까
까맣다	까맣습니다	까맣고	까매요	까매서	까만	까마니까
하얗다	하얗습니다	하얗고	하얘요	하얘서	하얀	하야니까
이렇다	이렇습니다	이렇고	이래요	이래서	이런	이러니까
그렇다	그렇습니다	그렇고	그래요	그래서	그런	그러니까
저렇다	저렇습니다	저렇고	저래요	저래서	저런	저러니까

2. 2) 그러면   3) 저래요
   4) 이런   5) 어떤

3. 2) 빨개요   3) 노랗고
   4) 파래서   5) 하얘서

문법과 표현 ❷ 동-고 있다   p. 46

1. 2) 양말을 신고 있어요
   3) 배낭을 메고 있어요
   4) 반지를 끼고 있어요
   5) 귀걸이를 하고 있어요
   6) 안경을 쓰고 있어요

2. 예
   - 누가 닛쿤 씨예요?
     - 저기 모자를 쓰고 선글라스를 끼고 있는 사람이에요.
   - 누가 유진 씨예요?
     - 저기 블라우스를 입고 귀걸이를 하고 있는 사람이에요.
   - 누가 다니엘 씨예요?
     - 저기 안경을 끼고 셔츠와 청바지를 입고 있는 사람이에요.
   - 누가 자밀라 씨예요?
     - 저기 하얀 원피스를 입고 목걸이를 하고 있는 사람이에요.
   - 누가 하이 씨예요?
     - 저기 양복을 입고 넥타이를 하고 있는 사람이에요.

3. 2) 끼고 있어요   3) 메고 있는
   4) 쓰고 있어야   5) 입고 있네요
   6) 신고 있는

12-2. 제 친구는 바다처럼 마음이 넓습니다

어휘 p. 48

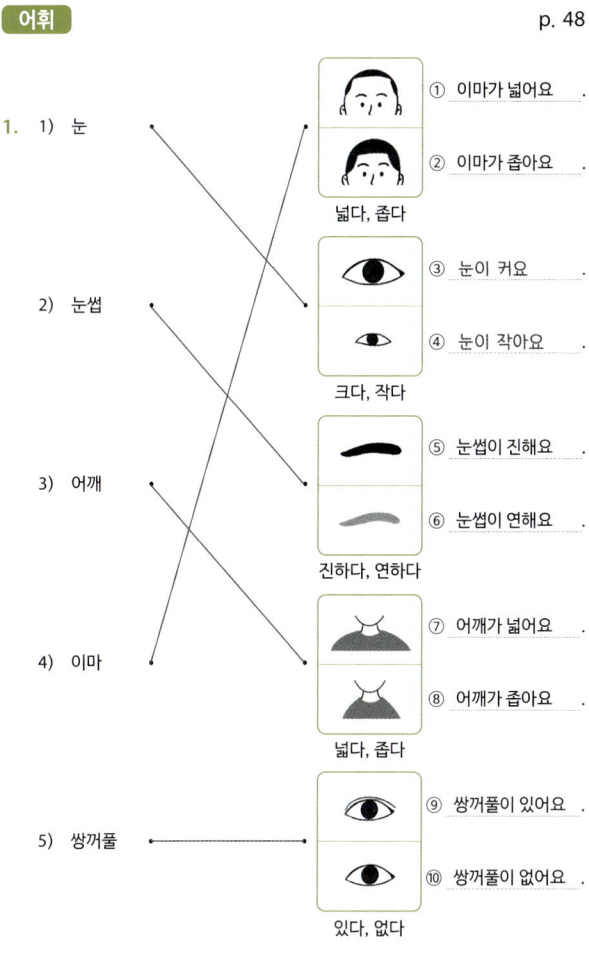

1. 1) 눈
   2) 눈썹
   3) 어깨
   4) 이마
   5) 쌍꺼풀

2. 2) 활발해요 3) 부지런한
   4) 내성적이라서 5) 착한
   6) 느긋해요 7) 급해서

문법과 표현 ③ 명처럼/같이 p. 50

1. 2) 화가처럼 그림을 잘 그려요
   3) 모델처럼 멋있어요
   4) 농구 선수처럼 키가 커요
   5) 인형처럼 귀여워요

2. 2) 개미처럼 부지런해요
   3) 천사처럼 착해요
   4) 한국 사람처럼 한국말을 잘해요
   5) 수영 선수처럼 어깨가 넓어요

3. 2) 바다처럼 3) 그림처럼
   4) 호텔처럼 5) 시계처럼

문법과 표현 ④ 동형 -았으면/었으면 좋겠다 p. 52

1.
	-았으면/었으면 좋겠다		-았으면/었으면 좋겠다
받다	받았으면 좋겠다	맑다	맑았으면 좋겠다
만나다	만났으면 좋겠다	싸다	쌌으면 좋겠다
돕다	도왔으면 좋겠다	맛있다	맛있었으면 좋겠다
듣다	들었으면 좋겠다	건강하다	건강했으면 좋겠다
서두르다	서둘렀으면 좋겠다	쉽다	쉬웠으면 좋겠다
낫다	나았으면 좋겠다	까맣다	까맸으면 좋겠다

2. 2) 세계 여행을 했으면 좋겠어요
   3) 시험이 쉬웠으면 좋겠어요
   4) 가수가 됐으면 좋겠어요
   5) 키가 컸으면 좋겠어요
   6) 감기가 빨리 나았으면 좋겠어요
   7) 얼굴에 뭐가 안 났으면 좋겠어요
   8) 부모님이 건강하셨으면 좋겠어요

3. 예
   2) 그냥 집에서 푹 쉬었으면 좋겠어요
   3) 부산으로 여행 갔으면 좋겠어요
   4) 휴대폰을 받았으면 좋겠어요
   5) 대학교에 입학했으면 좋겠어요
   6) 고향 음식을 먹었으면 좋겠어요

복습 4

어휘 p. 55

1. ① 2. ③ 3. ① 4. ②
5. ③ 6. ② 7. ④

문법과 표현 p. 57

1. ② 2. ④ 3. 피곤한데
4. 천사 같아요 / 천사처럼 착해요
5. 먹을 거야
6. 학생 중에서
7. 예 운동 중에서 수영을 제일 좋아해요
8. 예 명동에 가려면 지하철을 타세요
9. 예 바다처럼 마음이 넓어요
10. 예 여행을 갔으면 좋겠어

듣기 p. 58

1. ① 2. ② 3. ① 4. ①
5. ③ 6. ③ 7. ② 8. ④
9. ③ 10. ② 11. ④ 12. ②
13. ③ 14. ③ 15. ①

읽기
p. 61

1. ③ 2. ② 3. ① 4. ②
5. ① 6. ② 7. ① 8. ①
9. ③ 10. ② 11. ② 12. ③
13. ④ 14. ③ 15. ①

말하기
p. 67

1. 예
   1) 학생 식당에 가.
   2) 한국어 공부가 좀 힘들지만 재미있어.
   3) 값도 싸고 맛있었어.
   4) 그래. 좋아. 같이 가자.
   5) 네. 몇 시에 문을 닫나요?
   6) 혹시 부산에 가는 여행 상품이 있나요?
   7) 한국어를 잘하려면 한국 친구와 많이 이야기해야 돼요.
   8) 한국 친구를 사귀려면 동호회에 가입해 보세요.
   9) 오늘 날씨가 더운데 냉면 먹을래?
   10) 영화표가 두 장 있는데 같이 영화 봐요.
   11) 난 커피 마실래.
   12) 미안해요. 전 주말에 집에서 쉴래요.
   13) 나는 과일 중에서 사과를 제일 좋아해.
   14) 저는 부산하고 전주, 제주도에 가 봤는데 그중에서 제주도가 제일 좋았어요.
   15) 그럼 미안하지만 우유 좀 사다 주세요.
   16) 아니요. 제가 데려다줘요.
   17) 오늘 하늘이 파래요.
   18) 난 까만색을 제일 좋아해.
   19) 원피스를 입고 있어요.
   20) 운동화를 신고 있어요.
   21) 바다처럼 마음이 넓은 분이세요.
   22) 요리사처럼 요리를 잘하는 사람이 내 이상형이야.
   23) 예쁜 가방을 받았으면 좋겠어.
   24) 여행을 많이 했으면 좋겠어요.

13. 감정

13-1. 너무 속상하겠어요

어휘
p. 72

1. 1) – ② 신나다
   2) – ④ 속상하다
   3) – ⑤ 답답하다
   4) – ③ 외롭다
   5) – ① 기쁘다

2. 1) 걱정돼요 2) 화나요
   3) 긴장돼요 4) 짜증이 나요

3. 2) 신나는 3) 짜증이 났어요
   4) 걱정돼서 5) 외로울
   6) 창피한 7) 속상해요

문법과 표현 ❶ 명 때문에
p. 74

1. 2) 면접 때문에 긴장돼요
   3) 감기 때문에 병원에 가요
   4) 돈 때문에 친구와 싸웠어요
   5) 등록금 때문에 아르바이트를 할 거예요

2. 2) 날씨 때문에 / 비 때문에
   3) 숙제 때문에
   4) 사이즈 때문에
   5) 발표 때문에

3. 예
   2) 저는 날씨 때문에 짜증이 나요. 비가 와서 길이 막혀요
   3) 저는 돈 때문에 걱정돼요. 등록금을 내야 하는데 돈이 없어요
   4) 저는 시험 때문에 긴장돼요. 내일 말하기 시험을 봐요
   5) 저는 아르바이트 때문에 힘들어요. 매일 저녁마다 아르바이트해요

| 부록 Appendix |

4. 예
   2) 아르바이트 때문에 바빠요. 매일 아르바이트해야 돼요
   3) 동생 때문에 화가 났어요. 동생이 제 피자를 다 먹었어요
   4) 시험 때문에 울었어요. 열심히 공부했는데 시험을 잘 못 봤어요
   5) 옆집 사람 때문에 스트레스를 받아요. 밤마다 기타를 쳐서 시끄러워요

문법과 표현 ❷ 동형-겠- p. 76

1. 2) 길이 막히겠어요   3) 구두가 잘 어울리겠어요
   4) 피자가 맛있겠어요   5) 가방이 무겁겠어요
   6) 기분이 나쁘겠어요

2. 2) 맵겠어요   3) 맞겠어요 / 어울리겠어요
   4) 비싸겠어요   5) 안 오겠어요

3. 2) 기쁘겠어요   3) 걱정되겠어요
   4) 속상하겠어요   5) 재미있었겠어요 / 즐거웠겠어요

13-2. 친구들과 친해지고 싶습니다

어휘 p. 78

1. 1)
   2)
   3)
   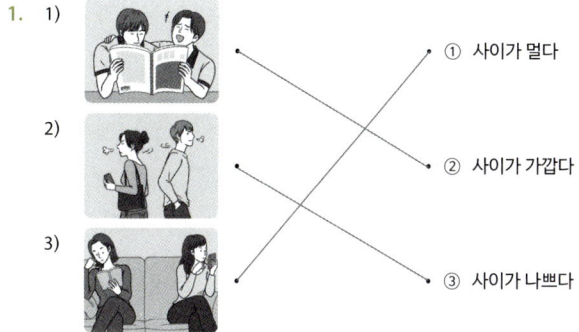
   ① 사이가 멀다
   ② 사이가 가깝다
   ③ 사이가 나쁘다

2. 1) ① 사귀었어요   ② 헤어졌어요
   2) ① 거짓말했어요   ② 싸웠어요
   3) ① 부탁했어요   ② 거절했어요

3. 2) 싸운   3) 사이가 좋아   4) 헤어졌어요
   5) 거절하고   6) 거짓말하지

문법과 표현 ❸ 동형-(으)ㄹ 때 p. 80

1.
	-(으)ㄹ 때	-았을/었을 때		-(으)ㄹ 때	-았을/었을 때
먹다	먹을 때	먹었을 때	좋다	좋을 때	좋았을 때
가다	갈 때	갔을 때	슬프다	슬플 때	슬펐을 때
공부하다	공부할 때	공부했을 때	춥다	추울 때	추웠을 때
듣다	들을 때	들었을 때	멀다	멀 때	멀었을 때
만들다	만들 때	만들었을 때	다르다	다를 때	달랐을 때
짓다	지을 때	지었을 때	그렇다	그럴 때	그랬을 때

2. 2) 먹을 때   3) 아플 때
   4) 볼 때   5) 만들 때

3. 예
   2) 말하기 대회에서 상을 받았을 때 기뻤어요
   3) 병원에 갔을 때 한국어를 못 해서 답답했어요
   4) 친구가 거짓말했을 때 화가 났어요
   5) 친구들하고 노래방에 갔을 때 즐거웠어요
   6) 수업 시간에 잘못 대답했을 때 창피했어요

4. 2) 감기에 (걸릴 때 /⎯걸렸을 때⎯) 병원에 갔어요.
   3) 한국에 처음 (올 때 /⎯왔을 때⎯) 눈이 내리고 있었어요.
   4) 밥을 (⎯먹을 때⎯/ 먹었을 때) 전화가 와서 다 못 먹었어요.
   5) 지갑을 (잃어버릴 때 /⎯잃어버렸을 때⎯) 친구가 찾아 줬어요.

문법과 표현 ❹ 형-아지다/어지다 p. 82

1.
	-아지다/어지다		-아지다/어지다
작다	작아지다	크다	커지다
좋다	좋아지다	덥다	더워지다
싸다	싸지다	멀다	멀어지다
없다	없어지다	다르다	달라지다
따뜻하다	따뜻해지다	까맣다	까매지다

2. 2) 없어졌어요
   3) 건강해졌어요
   4) 추워졌어요
   5) 밝아졌어요 / 달라졌어요

3. 2) 나빠졌어요 / 멀어졌어요
   3) 없어졌어
   4) 괜찮아졌어요
   5) 좋아졌어 / 가까워졌어
   6) 예 따뜻해졌어요
   7) 예 차가 많아졌어요

14. 인생

14-1. 대학교에 입학하게 됐어요

어휘   p. 86

1.

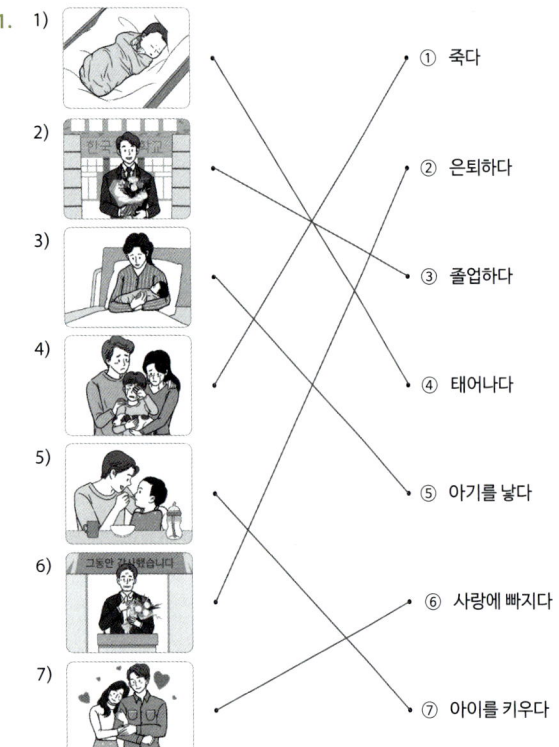

2. 2) 태어났어요   3) 은퇴하셨어요
   4) 아기를 낳아서   5) 승진하신
   6) 졸업하기   7) 아이를 키우려고

문법과 표현 ❶ 동-게 되다   p. 88

1. 2) 그 사람을 사랑하게 됐어요
   3) 작년부터 한국에 살게 됐어요
   4) 학교에 도서관을 짓게 됐어요
   5) 아파서 파티에 못 가게 됐어요

2. 2) 하게 됐어요   3) 사귀게 됐어요
   4) 만들게 됐어요   5) 쓰게 됐어요 / 끼게 됐어요

3. 2) 만나게 됐어요   3) 배우게 됐어요
   4) 결혼하게 됐어요   5) 돌아가게 됐어요

문법과 표현 ❷ 동-(으)ㄴ 덕분에   p. 90

1.

	-(으)ㄴ 덕분에		-(으)ㄴ 덕분에
먹다	먹은 덕분에	공부하다	공부한 덕분에
읽다	읽은 덕분에	듣다	들은 덕분에
가다	간 덕분에	만들다	만든 덕분에
쓰다	쓴 덕분에	짓다	지은 덕분에

2. 2) 길이 안 막힌 덕분에 학교에 일찍 도착했어요
   3) 친구가 김밥을 많이 만든 덕분에 모두 맛있게 먹었어요
   4) 날마다 운동한 덕분에 건강해졌어요
   5) 책을 많이 읽은 덕분에 단어를 많이 알아요

3. 2) 예매해 준 덕분에
   3) 설명해 준 덕분에 / 가르쳐 준
   4) 소개해 준 덕분에
   5) 가르쳐 주신 덕분에

14-2. 고마운 사람을 만난 적이 있습니다

어휘   p. 92

1.

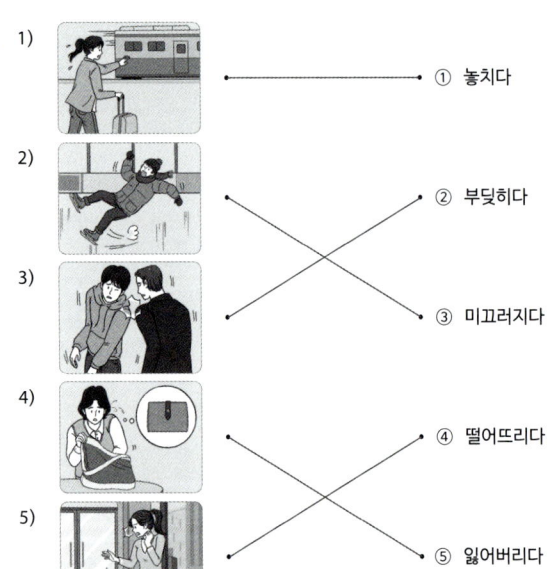

2. 1) 고장이 났어요   2) 사고가 났어요
   3) 불이 났어요

3. 2) 놓쳤어요   3) 부딪혀서
   4) 떨어뜨렸어요   5) 넘어졌어요
   6) 미끄러졌어요

문법과 표현 ❸ 형-게 p. 94

1. 2) 머리를 짧게 잘랐어요
   3) 비행기표를 싸게 샀어요
   4) 노래를 크게 불렀어요
   5) 발표를 쉽게 준비했어요
   6) 공연을 재미있게 봤어요

2. 2) 맛있게   3) 크게   4) 늦게
   5) 즐겁게   6) 건강하게

3. 2) 바쁘게   3) 크게   4) 싸게
   5) 따뜻하게 / 두껍게
   6) 예 재미있게 지내요

4. 2) 많이   3) 열심히
   4) 멀리   5) 빨리

문법과 표현 ❹ 동-(으)ㄴ 적이 있다/없다 p. 96

1.
	-(으)ㄴ 적이 있다		-(으)ㄴ 적이 있다
먹다	먹은 적이 있다	돕다	도운 적이 있다
읽다	읽은 적이 있다	듣다	들은 적이 있다
가다	간 적이 있다	만들다	만든 적이 있다
일하다	일한 적이 있다	살다	산 적이 있다
쓰다	쓴 적이 있다	짓다	지은 적이 있다

2. 2) 미끄러진 적이 있어요   3) 불이 난 적이 있어요
   4) 들은 적이 없어요   5) 만든 적이 없어요

3. 2) 자 본 적이 없어요
   3) 만들어 본 적이 있어요
   4) 예 스페인어를 배워 본 적이 있어요
   5) 예 부산에 가 본 적이 있어요

15. 집

15-1. 방이 넓어서 살기 좋아요

어휘 p. 100

1.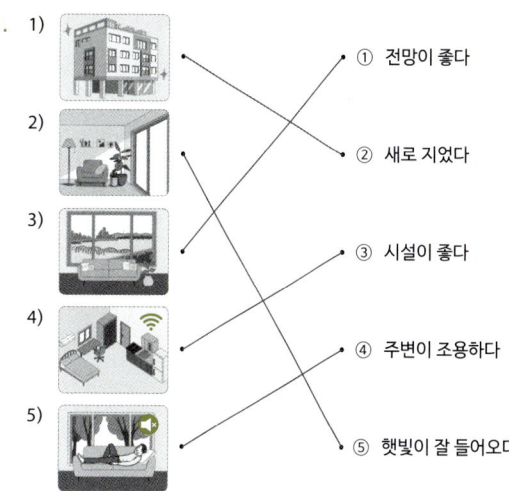

2. 1) 관리비가   2) 전기 요금이
   3) 가스 요금이   4) 수도 요금이

3. 2) 주변이 조용했으면   3) 햇빛이 잘 들어와서
   4) 전망이 좋네요   5) 시설이 좋은
   6) 오래돼서   7) 집주인이 좋아서

문법과 표현 ❶ 동-기 형 p. 102

1. 2) 입기 불편해요   3) 살기 좋아요
   4) 만들기 쉬워요   5) 등산하기 힘들어요
   6) 사용하기 편해요

2. 2) 걷기   3) 읽기
   4) 찾기   5) 보기

3. 예
   2) 책이 어때요?
      - 그림이 많아서 읽기 쉬워요.
   3) 햄버거가 어때요?
      - 커서 먹기 불편해요.
   4) 텔레비전이 어때요?
      - 커서 보기 편해요.
   5) 한라산이 어때요?
      - 높아서 등산하기 힘들어요.
   6) 발표가 어때요?
      - 목소리가 작아서 듣기 어려워요.

문법과 표현 ❷ 명밖에 p. 104

1. 2) 얼굴밖에 몰라요
   3) 조금밖에 없어요
   4) 김밥밖에 못 만들어요
   5) 한국어밖에 할 줄 몰라요

2. 2) 이름밖에
   3) 한 잔밖에
   4) 자전거밖에
   5) 샌드위치밖에

3. 2) 커피밖에 못 마셨어요
   3) 라면밖에 없는데
   4) 한 권밖에 못 읽어요
   5) 하나밖에 없어서

15-2. 벽에 가족사진이 걸려 있습니다

어휘 p. 106

1. 1) - ④ 아파트
   2) - ② 원룸
   3) - ① 빌라
   4) - ③ 주택
   5) - ⑤ 오피스텔

2. 2) 부엌   3) 거실   4) 방
   5) 베란다   6) 현관   7) 마당

3. 2) 주택   3) 아파트   4) 마당
   5) 현관   6) 거실

문법과 표현 ❸ 동-아/어 있다 p. 108

1.

	-아/어 있다		-아/어 있다
앉다	앉아 있다	걸리다	걸려 있다
서다	서 있다	달리다	달려 있다
눕다	누워 있다	놓이다	놓여 있다
열리다	열려 있다	붙다	붙어 있다
닫히다	닫혀 있다	들다	들어 있다

2. 2) 열려 있어요   3) 걸려 있어요
   4) 누워 있어요   5) 달려 있어요
   6) 놓여 있어요

3. 2) 서 있는   3) 걸려 있는
   4) 붙어 있으니까   5) 놓여 있어

문법과 표현 ❹ 동형-기 때문에, 명(이)기 때문에 p. 110

1. 2) 공원 옆에 살기 때문에 산책하기 좋습니다
   3) 비가 오기 때문에 등산을 못 합니다
   4) 일을 다 끝냈기 때문에 좀 쉬려고 합니다
   5) 휴일이기 때문에 영화관에 사람이 많습니다
   6) 요리사기 때문에 요리를 잘합니다

2. 2) 성격이 좋기 때문에 친구가 많습니다
   3) 공부를 열심히 했기 때문에 시험을 잘 볼 수 있었습니다
   4) 길이 복잡하지 않기 때문에 운전하기 좋습니다
   5) 어머니 생신이기 때문에 선물을 샀습니다
   6) 기숙사기 때문에 방값이 쌉니다

3. 2) 길이 막히기 때문에
   3) 가볍기 때문에
   4) 공연을 시작했기 때문에
   5) 시험이기 때문에

4. 예
   1) 한국 문화를 좋아하기 때문에 한국어를 공부합니다
   2) 부모님을 뵙고 싶기 때문에 고향에 가고 싶습니다
   3) 돈이 필요하기 때문에 아르바이트를 하고 싶습니다
   4) 예쁜 꽃이 많기 때문에 마당을 가장 좋아합니다

복습 5

어휘 p. 113

1. ①   2. ④   3. ①   4. ③
5. ④   6. ②   7. ②

문법과 표현 p. 115

1. ②   2. ②   3. 잘하게 됐어요
4. 없어요   5. 눈   6. 놓여
7. 예 재미있겠어요
8. 예 맛있는 음식을 먹을 때 기분이 좋아요
9. 예 아니요. 가 본 적이 없어요
10. 예 전보다 따뜻해졌어요

듣기 p. 116

1. ① 2. ① 3. ② 4. ③
5. ② 6. ① 7. ② 8. ④
9. ④ 10. ③ 11. ③ 12. ②
13. ④ 14. ③ 15. ①

읽기 p. 119

1. ② 2. ③ 3. ③ 4. ④
5. ③ 6. ② 7. ④ 8. ④
9. ③ 10. ④ 11. ③ 12. ④
13. ④ 14. ② 15. ④

말하기 p. 125

1. 예
   1) 날씨 때문에 늦게 출발합니다.
   2) 일 때문에 못 갈 것 같아요.
   3) 와, 좋겠어요.
   4) 아이고, 속상하겠어요.
   5) 지하철에 사람이 많을 때 짜증이 나요.
   6) 맛있는 음식을 먹을 때 스트레스가 풀려요.
   7) 네. 1급 때보다 어려워졌어요.
   8) 처음에는 좀 힘들었는데 이제 재미있어졌어요.
   9) 한국에 와서 한국어를 잘하게 됐어요.
   10) 작년에는 고향에 살았는데 올해는 한국에 살게 됐어요.
   11) 제니 씨한테 고마워요. 제니 씨 덕분에 한국 친구를 많이 사귀게 됐어요.
   12) 네. 부모님이 도와주신 덕분에 한국에 올 수 있었어요.
   13) 짧게 잘라 주세요.
   14) 다니엘 씨가 친절하게 도와줘요.
   15) 아니요. 입어 본 적이 없어요.
   16) 네. 가 본 적이 있어요.
   17) 지하철역이 가까워서 학교 다니기 편해요.
   18) 이 휴대폰은 커서 드라마를 보기 좋아요.
   19) 아니요. 조금밖에 못 했어요.
   20) 미안해요. 저도 5,000원밖에 없어요.
   21) 벽에 걸려 있어요.
   22) 네. 저쪽에 놓여 있어요.
   23) 한국 역사를 좋아하기 때문에 배우기로 했습니다.
   24) 방학이기 때문에 없는 것 같습니다.

16. 예절

16-1. 반말을 해도 돼요?

어휘 p. 130

1.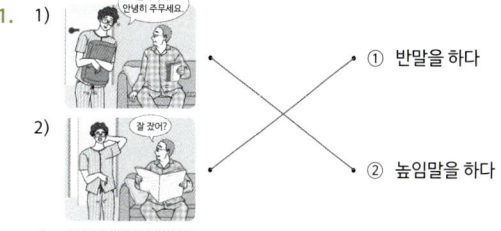
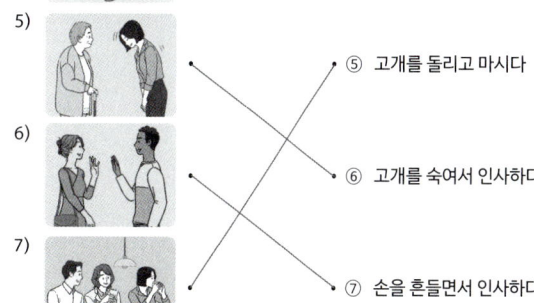

2. 2) 이름을 부르세요   3) 고개를 숙여서 인사해야
   4) 한 손으로 받지   5) 다리를 꼬고 앉지
   6) 손을 흔들면서 인사해요   7) 높임말을 해야

문법과 표현 ❶ 동-는데, 형-(으)ㄴ데 2   p. 132

1. 2) 옷은 파는데 모자는 안 팔아요
   3) 거실은 넓은데 방은 좁아요
   4) 배는 비싼데 사과는 싸요
   5) 소설책은 어려운데 만화책은 쉬워요
   6) 언니는 있는데 오빠는 없어요

2. 2) 잘하는데   3) 가까운데
   4) 먹는데   5) 좋아했는데

3. 2) 편리한데   3) 매운데
   4) 아는데   5) 봤는데
   6) 갔는데

문법과 표현 ❷ 동-아도/어도 되다 p. 134

1.

	-아도/어도 되다		-아도/어도 되다
앉다	앉아도 되다	쓰다	써도 되다
보다	봐도 되다	돕다	도와도 되다
먹다	먹어도 되다	듣다	들어도 되다
마시다	마셔도 되다	부르다	불러도 되다
사용하다	사용해도 되다	젓다	저어도 되다

2. 2) 먹어도 돼요 3) 써도 돼
   4) 지어도 돼요 5) 신어 봐도 돼요

3. 2) 마셔도 돼 3) 써도 돼요
   4) 안 먹어도 돼
   5) 예약 안 해도 돼요 / 예약하지 않아도 돼요

16-2. 공연 중에 사진을 찍으면 안 됩니다

어휘 p. 136

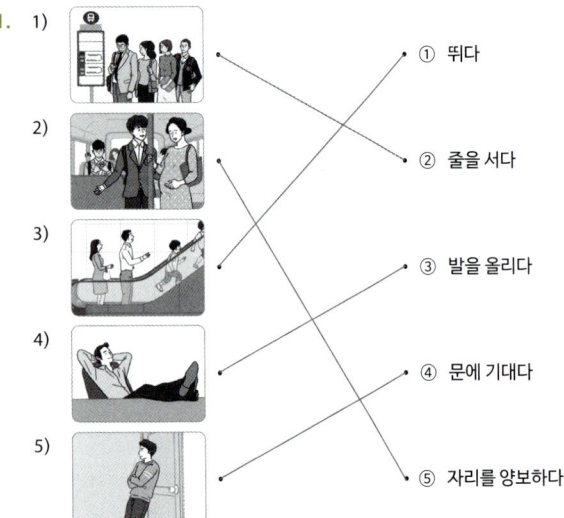

1. 1) ② 줄을 서다
   2) ⑤ 자리를 양보하다
   3) ③ 발을 올리다
   4) ④ 문에 기대다
   5) ① 뛰다

2. 1) 금연 2) 출입 금지
   3) 사진 촬영 금지 4) 음식물 반입 금지
   5) 휴대폰 사용 금지 6) 주차 금지

3. 2) 뛰면 3) 문에 기대지
   4) 자리를 양보해 5) 줄을 서야

문법과 표현 ❸ 동-는 중이다, 명 중이다 p. 138

1. 2) 노래를 듣는 중이에요 3) 자는 중이에요
   4) 일하는 중이에요 5) 회의하는 중이에요
   6) 저녁을 만드는 중이에요

2. 2) 커피를 마시는 중이에요 3) 이야기하는 중이에요
   4) 춤을 추는 중이에요 5) 공부하는 중이에요
   6) 책을 읽는 중이세요

3. 2) 공사 중이라서 3) 회의 중에는
   4) 수업 중인

문법과 표현 ❹ 동-(으)면 안 되다 p. 140

1.

	-(으)면 안 되다		-(으)면 안 되다
먹다	먹으면 안 되다	돕다	도우면 안 되다
읽다	읽으면 안 되다	듣다	들으면 안 되다
가다	가면 안 되다	팔다	팔면 안 되다
마시다	마시면 안 되다	만들다	만들면 안 되다
게임하다	게임하면 안 되다	젓다	저으면 안 되다

2. 2) 주차하면 안 됩니다
   3) 뛰면 안 됩니다
   4) 휴대폰을 사용하면 안 됩니다 / 통화하면 안 됩니다
   5) 들어가면 안 됩니다
   6) 음식을 가지고 들어가면 안 됩니다

3. 2) 받으면 안 돼요 3) 쓰면 안 돼
   4) 보여 드리면 안 돼요

17. 문화

17-1. 콘서트를 보기 위해서 표를 사 놓았어요

어휘 p. 144

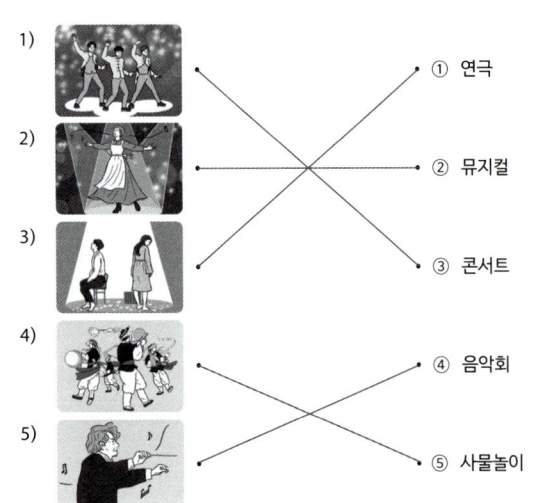

1. 1) ③ 콘서트
   2) ② 뮤지컬
   3) ① 연극
   4) ⑤ 사물놀이
   5) ④ 음악회

2. 2) 사물놀이는   3) 콘서트에   4) 음악회에   5) 뮤지컬은

3. 1) 저는 운동을 안 좋아해서 배우고 싶지 않아요. — ① 관심이 없다
   2) 그 배우를 좋아하는 사람이 별로 없어요. — ② 관심이 생기다
   3) 저는 한국어를 배우면서 한국 역사도 알고 싶어졌어요. — ③ 인기가 없다
   4) 그 영화는 아이부터 어른까지 모두 좋아해요. — ④ 인기가 많다

4. 2) 관심이 생겼어
   3) 인기가 많아서
   4) 관심이 없어

문법과 표현 ❶ 동-기 위해(서)   p. 146

1. 2) 한국 소설을 읽기 위해서 한국어를 배웁니다
   3) 등록금을 내기 위해서 아르바이트를 합니다
   4) 세계 여행을 하기 위해서 돈을 모읍니다
   5) 공연을 하기 위해서 날마다 연습을 합니다

2. 2) 건강해지기 위해서 매일 운동할 거예요
   3) 집을 구하기 위해서 부동산에 갈 거예요
   4) 여권을 만들기 위해서 사진을 찍을 거예요
   5) 고향 친구에게 주기 위해서 기념품을 살 거예요

3. 2) 사귀기 위해서
   3) 취직하기 위해서
   4) 끊기 위해서
   5) 예) 여행을 가기 위해서

문법과 표현 ❷ 동-아/어 놓다   p. 148

1.
	-아/어 놓다		-아/어 놓다
닫다	닫아 놓다	붙이다	붙여 놓다
찾다	찾아 놓다	준비하다	준비해 놓다
사다	사 놓다	예매하다	예매해 놓다
만들다	만들어 놓다	쓰다	써 놓다
빌리다	빌려 놓다	짓다	지어 놓다

2. 2) 만들어 놓아야 해요
   3) 청소를 해 놓아야 해요
   4) 예매해 놓아야 해요
   5) 메모해 놓아야 해요

3. 2) 꺼 놓으세요
   3) 만들어 놓았으니까
   4) 예약해 놓았어
   5) 모아 놓은

17-2. 추석은 한국의 큰 명절 중 하나다

어휘   p. 150

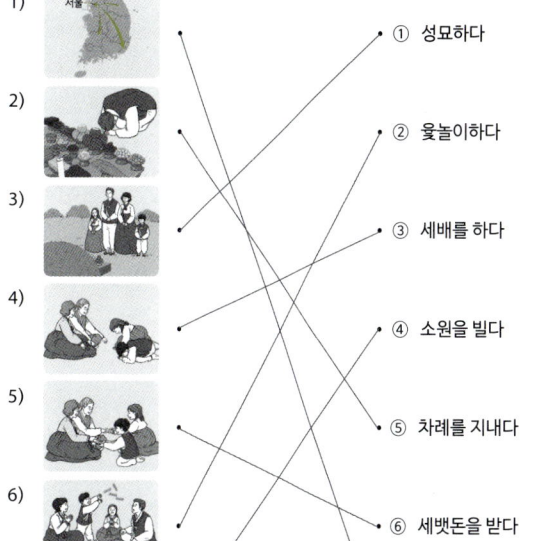

2. 1) 떡국은   2) 한과는
   3) 식혜는   4) 송편은

3. 2) 차례를 지내요   3) 소원을 빌었어요
   4) 윷놀이할래   5) 세뱃돈을 받았어요

문법과 표현 ❸ 동-는다/ㄴ다, 형-다, 명(이)다   p. 152

1.
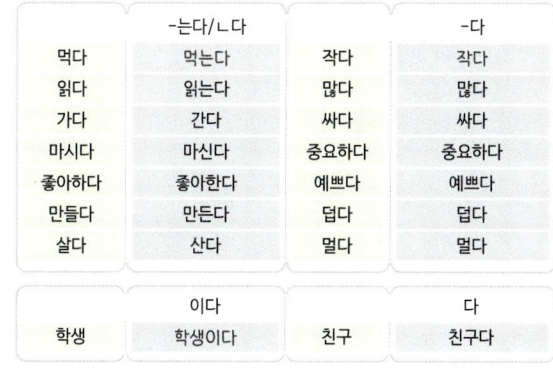

2. 2) 안나는 일찍 일어난다
   3) 나는 매일 일기를 쓴다
   4) 하이는 음악을 듣는다
   5) 은행은 주말에 문을 안 연다
   6) 마리는 노래를 잘 부른다

7) 학교에 새 도서관을 짓는다
8) 어제 산 신발이 잘 맞는다
9) 할머니는 피아노를 잘 치신다
10) 나는 담배를 피우지 않는다

3. 2) 이 식당은 갈비가 맛있다
   3) 신분증이 필요하다
   4) 내 동생은 귀엽다
   5) 회사 일이 바쁘다
   6) 나라마다 식사 예절이 다르다
   7) 사과가 빨갛다
   8) 삼계탕은 맵지 않다

4. 2) 여기는 미술관이다
   3) 이것은 내 지우개다
   4) 내가 찾는 사람은 아냐다
   5) 나는 한국 사람이 아니다

5. 2) 감기가 다 나았다
   3) 시험이 쉬웠다
   4) 어제까지 휴가였다
   5) 우리 어머니는 선생님이셨다

6. 2) 추석에 기차표가 없을 것이다
   3) 길이 많이 막힐 것이다
   4) 나는 내일 백화점에 갈 것이다
   5) 방학에 피아노를 연습할 것이다

7. 2) 고향 음식을 먹고 싶다
   3) 나는 젓가락질을 할 줄 안다
   4) 비행기에서는 뛰면 안 된다
   5) 친구가 많았으면 좋겠다
   6) 지금은 회의하는 중이다
   7) 소날은 오늘 기분이 좋은 것 같다
   8) 운동을 하면 건강해진다
   9) 내년에 고향에 돌아가게 됐다
   10) 사물놀이 공연을 본 적이 있다

8. 2) 갔다　　　　　　　3) 예뻤다
   4) 봤다　　　　　　　5) 만들 것이다

18. 추억과 꿈

18-1. 이번 학기가 끝나서 좋기는 하지만 아쉬워요

어휘　　　　　　　　　　　　　　　　　p. 158

1. 1) 꽃이 피다
   2) 눈이 내리다
   3) 단풍이 들다
   4) 태풍이 오다
   5) 얼음이 얼다
   6) 나뭇잎이 떨어지다
   7) 장마가 시작되다

   ① 봄　② 여름　③ 가을　④ 겨울

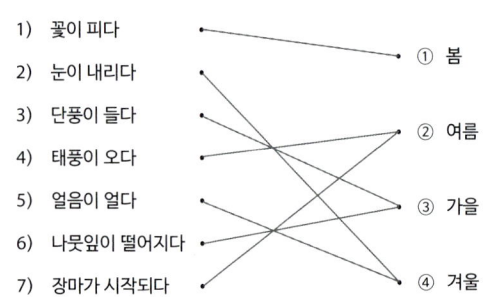

2. 2) 아쉬워요　　　　3) 후회가 돼요
   4) 기억에 남아요

3. 2) 얼음이 얼어서　　3) 나뭇잎이 떨어지는
   4) 단풍이 들었는데　5) 태풍이 와서
   6) 장마가 시작될　　7) 꽃이 피었네요

문법과 표현 ❶　　**동형** -기는 하지만　p. 160

1. 2) 같이 살기는 하지만 친하지 않아요
   3) 어렵기는 하지만 재미있어요
   4) 예쁘기는 하지만 비싸요
   5) 쓰기는 하지만 건강에 좋아요
   6) 맵기는 하지만 맛있어요

2. 2) 비싸기는 하지만　3) 듣기는 하지만
   4) 아프기는 하지만　5) 먹기는 하지만

3. 2) 아침을 먹기는 (하겠지만 / 하지만 /(했지만)) 조금밖에 못 먹었어요.
   3) 내일 날씨가 흐리기는 ((하겠지만)/ 하지만 / 했지만) 비는 안 올 거예요.
   4) 노래하는 것을 좋아하기는 (하겠지만 /(하지만)/ 했지만) 잘 못해요.
   5) 어제 시험공부를 하기는 (하겠지만 / 하지만 /(했지만)) 많이 못 했어요.
   6) 아르바이트를 하고 싶기는 (하겠지만 /(하지만)/ 했지만) 한국어 공부 때문에 시간이 없어요.

4. 예
   2) 네. 할 줄 알기는 하지만 잘 못 해요
   3) 좀 맵기는 하지만 맛있어요
   4) 좁기는 하지만 교통이 편리해요
   5) 힘들기는 했지만 재미있었어요
   6) 계속 공부하고 싶기는 하지만 어려울 것 같아서 걱정이에요

문법과 표현 ❷ 동형-(으)ㄹ지 모르겠다   p. 162

1.

	-(으)ㄹ지 모르겠다		-(으)ㄹ지 모르겠다
먹다	먹을지 모르겠다	맛있다	맛있을지 모르겠다
오다	올지 모르겠다	싸다	쌀지 모르겠다
좋아하다	좋아할지 모르겠다	따뜻하다	따뜻할지 모르겠다
듣다	들을지 모르겠다	쉽다	쉬울지 모르겠다
만들다	만들지 모르겠다	길다	길지 모르겠다
낫다	나을지 모르겠다	어떻다	어떨지 모르겠다

2. 2) 이 영화가 재미있을지 모르겠어요
   3) 학교에 계실지 모르겠어요
   4) 마트에서 축구공을 팔지 모르겠어요
   5) 내일까지 끝낼 수 있을지 모르겠어요

3. 2) 뭘 입을지 모르겠어요 / 무슨 옷을 입을지 모르겠어요
   3) 언제 / 몇 시에 끝날지 모르겠어요
   4) 뭐가 맛있을지 모르겠어요 / 무슨 케이크가 맛있을지 모르겠어요
   5) 몇 마리 시킬지 모르겠어

18-2. 한국에 온 지 벌써 6개월이나 됐다

어휘   p. 164

1. 1) 2) 3)

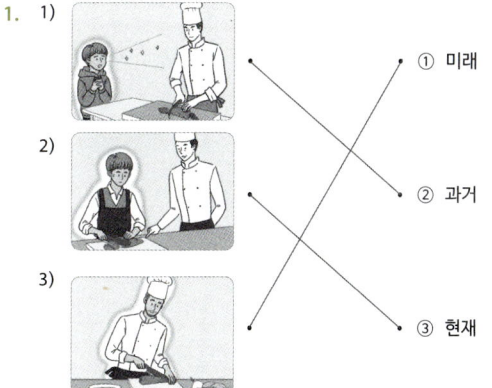

① 미래
② 과거
③ 현재

2. 1) 과거에   2) 미래에   3) 현재

3. 2) 꿈을 가지게   3) 꿈을 이루었네요   4) 노력할게요
   5) 떨어졌어요   6) 합격했어요

문법과 표현 ❸ 동-(으)ㄴ 지   p. 166

1.

	-(으)ㄴ 지		-(으)ㄴ 지
먹다	먹은 지	시작하다	시작한 지
입다	입은 지	듣다	들은 지
보다	본 지	살다	산 지
사다	산 지	만들다	만든 지
쓰다	쓴 지	짓다	지은 지

2. 2) 먹은 지   3) 쓴 지 / 낀 지
   4) 걸은 지   5) 만든 지

3. 예
   2) 한국에 온 지 삼 개월 됐어요
   3) 이 휴대폰을 산 지 이 주 됐어요
   4) 혼자 산 지 얼마 안 됐어요
   5) 머리를 안 자른 지 한 달 됐어요
   6) 부모님을 못 만난 지 일 년쯤 됐어요
   7) 고향 음식을 못 먹은 지 오래됐어요

문법과 표현 ❹ 명(이)나 2   p. 168

1. 2) 세 잔이나 마셨어요   3) 두 마리나 먹었어요
   4) 십 인분이나 주문했어요   5) 다섯 개나 샀어요

2. 2) 세 조각이나   3) 네 마리나
   4) 열 번이나   5) 한 시간이나

3. 2) 다섯 번이나   3) 두 시간이나
   4) 네 명이나   5) 일 년이나

복습 6

어휘   p. 171

1. ③   2. ①   3. ④   4. ①
5. ①   6. ③   7. ④

문법과 표현   p. 173

1. ②   2. ②   3. 건강해지기 / 건강을
4. 보는   5. 한다   6. 했지만
7. 예 날씨가 좋을지 모르겠어요
8. 예 맵기는 하지만 맛있어요
9. 예 한국 음식은 매운데 고향 음식은 안 매워요
10. 예 한국어를 배운 지 여섯 달 됐어요

듣기 p. 174

1. ④ 2. ② 3. ② 4. ①
5. ③ 6. ② 7. ④ 8. ①
9. ② 10. ④ 11. ④ 12. ③
13. ③ 14. ② 15. ③

읽기 p. 177

1. ③ 2. ③ 3. ① 4. ②
5. ③ 6. ① 7. ① 8. ④
9. ③ 10. ③ 11. ④ 12. ②
13. ③ 14. ② 15. ②

말하기 p. 183

1. 예
   1) 재미있는데 어려워요.
   2) 제 고향은 날씨가 항상 따뜻한데 한국은 사계절이 있어요.
   3) 가도 돼요.
   4) 아니요. 내일 내도 돼요.
   5) 요리하는 중이에요.
   6) 회의 중이라서 못 받았어요.
   7) 아니요. 수업 중에는 전화를 받으면 안 돼요.
   8) 아니요. 여기에서는 술을 마시면 안 돼요.
   9) 가족을 만나기 위해서 고향에 갑니다.
   10) 대학교에 입학하기 위해서 한국어를 공부합니다.
   11) 호텔을 예약해 놓아야 돼요.
   12) 케이크를 준비해 놓아야 돼요.
   13) 나는 아침마다 커피를 마신다.
       나는 한국에서 오랫동안 살고 싶다.
       오늘은 월요일이다.
   14) 맵기는 하지만 맛있어요.
   15) 힘들기는 하지만 재미있어요.
   16) 글쎄요. 눈이 올지 모르겠어요.
   17) 글쎄. 뭘 할지 아직 잘 모르겠어.
   18) 놀이공원에 간 지 십 년쯤 됐어요.
   19) 한국어를 배운 지 육 개월 됐어요.
   20) 네. 스무 명이나 있어요.
   21) 와, 세 번이나 가 봤어요? 저는 한 번도 못 가 봤어요.

집필진 Authors

장소원 Chang Sowon	서울대학교 국어국문학과 교수 Seoul National University Professor at the Department of Korean Language & Literature
	파리 5대학교 언어학 박사 Ph.D. in Linguistics, University of Paris 5
김현진 Kim Hyun Jean	서울대학교 언어교육원 대우전임강사 Seoul National University LEI Full-time Instructor
	서울대학교 영어교육학 박사 수료 Ph.D. Candidate in English Language Education, Seoul National University
김슬기 Kim Sulki	서울대학교 언어교육원 대우전임강사 Seoul National University LEI Full-time Instructor
	서울대학교 국어교육학 석사 M.A. in Korean Language Education, Seoul National University
이정민 Lee Jeong Min	서울대학교 언어교육원 대우전임강사 Seoul National University LEI Full-time Instructor
	서울시립대학교 국어국문학 박사 수료 Ph.D. Candidate in Korean Language & Literature, University of Seoul

번역 Translator

이수잔소명 Lee Susan Somyung	통번역가 Translator & Interpreter
	서울대학교 한국어교육학 석사 M.A. in Korean Language Education as a Foreign Language, Seoul National University

번역 감수 Translation Supervisor

손성옥 Sohn Sung-Ock	UCLA 아시아언어문화학과 교수 UCLA Professor at the Department of Asian Languages & Cultures

감수 Supervisor

김은애 Kim Eun Ae	전 서울대학교 언어교육원 대우교수 Former Seoul National University LEI Professor

자문 Consultants

한재영 Han Jae Young	한신대학교 명예교수 Hanshin University Honorary Professor
최은규 Choi Eunkyu	전 서울대학교 언어교육원 대우교수 Former Seoul National University LEI Professor

도와주신 분들 Contributing Staff

디자인 Design	(주)이츠북스 ITSBOOKS
삽화 Illustration	(주)예성크리에이티브 YESUNG Creative
녹음 Recording	미디어리더 Media Leader

서울대 한국어+
Workbook 2B

초판 1쇄 발행   2022년 12월 28일
초판 4쇄 발행   2025년 7월 28일

지은이   서울대학교 언어교육원

펴낸곳   서울대학교출판문화원
주소   08826 서울 관악구 관악로 1
도서주문 02-889-4424, 02-880-7995
홈페이지 www.snupress.com
페이스북 @snupress1947
인스타그램 @snupress
이메일   snubook@snu.ac.kr
출판등록 제15-3호

ISBN 978-89-521-3126-3 04710
     978-89-521-3116-4 (세트)

ⓒ 서울대학교 산학협력단 · 2022

이 책과 음원은 저작권법에 의해서 보호를 받는 저작물이므로
무단 전재와 복제를 금합니다.

Written by Language Education Institute, Seoul National University
Published by Seoul National University Press

Copyright ⓒ Seoul National University R&DB Foundation 2022

All rights reserved. No part of this publication may be reproduced in any form without the written permission from publisher.